Frieda Bach

AF190629

Die Lehrerin
eine Abrechnung

Die Lehrerin
eine Abrechnung

Frieda Bach

Impressum

Bibliografische Information der Deutschen Nationalbibliothek:
Die Deutsche Nationalbibliothek verzeichnet diese Publikation
in der Deutschen Nationalbibliografie; detaillierte bibliografische Daten sind im Internet über http://dnb.dnb.de abrufbar.

Verlag: BoD · Books on Demand GmbH, In de Tarpen 42,
22848 Norderstedt

Druck: Libri Plureos GmbH, Friedensallee 273, 22763 Hamburg
ISBN: 978-3-7597-9558-8

Inhalt

Ich, Frieda Bach, erzählt in diesem Buch ihre Erlebnisse im deutschen Schulsystem. Ich bin Lehrerin, nicht ohne Begeisterung. Doch nun stelle ich nach allem, was ich in fünfzig Jahren mit dem System Schule erlebt habe, unseren Umgang damit auf und seine Entwicklung auf einen harten Prüfstand.

Funktioniert das alles noch so wie gedacht? Kann die Schule, oder besser gesagt, das was wir daraus gemacht haben, noch so funktionieren? Ich spreche von wir, natürlich, denn ich war daran beteiligt. Ich habe das System durch meine Arbeit mit gestützt und kenne es auch als Schülerin, Studentin, Lehrkraft und nicht zuletzt als Elternteil. Ich erlebe das Leiden meiner Tochter im System, und habe durch viele Gespräche mit Schulleitungen und Kolleginnen deren Standpunkte erörtert.

Dennoch ist es ein persönlicher Standpunkt in diesem Buch, ich kann und will nicht für andere sprechen.

Eines ist unbestritten: Die Gesellschaft nimmt das System Schule vollkommen anders wahr als die Lehrer, und gegenseitige Erwartungen werden offenbar nicht erfüllt. Wie kommt es zu dieser Divergenz?

Lehrkraft zu sein in einer Schule, so glauben viele ohne internes Wissen und so wird es in so vielen sozialen Medien hemmungslos kommuniziert, bedeute, es sei ein Halbtagsjob mit 12 Wochen Schulferien. Morgens ein wenig Unterricht, des Mittags hat man frei. Während andere Menschen mit 30 Tagen Urlaub auskommen müssen, scheinen Lehrer das große Los gezogen zu haben. Im Sommer sechs Wochen Müßiggang am Stück, und dabei reich sein- so stellen sich die meisten Leute das Lehrerdasein vor. Stimmt das?

Worüber beklagen Lehrer sich eigentlich, bei so viel Müßiggang und Urlaub? Ist es jammern auf hohem Niveau? Und dann die hohe Pension? Fürs Nichtstun? Es kann doch ein jeder hinstehen und so tun, als wüsste er alles?

Ich schäme mich häufig, bei Vorstellungsrunden in Kursen oder bei neuen Kontakten meinen Beruf überhaupt zu erwähnen, der so oft zu sozialer Ächtung führt, zu persönlichen Angriffen, da so viele eigene negative persönliche Erfahrungen mit dem System Schule auf sie persönlich projizieren und sie das vollkommen gedankenlos wissen lassen. Lehrer sind negativ konnotiert, unfähig und faul, so heißt es schnell. Die Erwartungen an das Lehrpersonal scheinen nur selten in Erfüllung gegangen zu sein.

Erreicht Schule ihre Ziele wirklich, oder hat Schule ihre eigentlichen Ziele schon längst aus den Augen verloren oder ersetzt? Im Internet habe ich folgendes gefunden:

Definition: Der, die Lehrer*in =
ein Lebewesen, das einem Probleme erklärt, die man ohne ihn gar nicht gehabt hätte

Was so spaßig daherkommt und sicher nicht ganz ernst gemeint war, ist leider oft Realität. Die Lehrkraft ist Ursprung aller Probleme? Wenn man sich durch die sozialen Medien wühlt, ist diese Ansicht weit verbreitet und allgegenwärtig.

Dieses Buch soll Einblick geben in den Weg einer Lehrkraft und ins Lehrerdasein. Es soll ein humorvoller Blick sein. Ein persönlicher Blick, und dennoch kann er die Tücken und Schwächen unserer Schulen bezeugen. Ich habe bewusst viele persönliche Erlebnisse geschildert, und die Dinge aus meiner Warte interpretiert.

Manches scheint überzogen, und doch hat die Realität Komödien wie „fack ju göhte" längst eingeholt und überholt. Die charmante Feuerzangenbowle mit einem unglaublich anrührenden und warmherzigen Heinz Rühmann ist passe, auch wenn nicht wenige Lehrer ihr nachtrauern. Was ist daran gerade für Lehrkräfte so anrührend? Ich vermute, es ist der liebevolle Blick aufeinander, der im Film mit Heinz Rühmann so bestimmend ist. Es ist die erfrischende Harmlosigkeit der Streiche.

In der modernen Komödie „fack yu göhte" mit einem wunderbaren Elyas M'Barek als Lehrkraft, die doch so erschreckend nah an die heutige Realität anknüpft, wird der Unterricht mehr zum Kriegsschauplatz. Die Lehrkraft vermag die Schüler nur noch mit Waffengewalt ins Klassenzimmer zu zitieren. Von der warmherzigen Empfindsamkeit bleibt nichts mehr übrig, wenn sich die Kollegin voll Verzweiflung aus dem Fenster stürzt. Doch klingt auch da an, was den Unterricht dennoch erfolgreich macht: Der Lehrer schafft es, eine Verbindung zwischen seiner Lebenswelt und der der Jugendlichen zu schaffen, und nähert sich zwischenmenschlich an. Es entsteht persönliches Interesse aneinander, eine persönliche Bindung, die Früchte trägt.

Ich, Frieda, bin schon etwas in die Jahre gekommen und kann leider einem Elyas M'Barek, auch wenn ich das wollte, nicht das Wasser reichen, der, das muss man auch sagen, Freiheiten hat, die wir Lehrkräfte uns nicht erlauben würden in der Realität.

Jeder Lehrer, jede Lehrerin bestätigt auf Nachfrage, er oder sie würde vieles anders machen, doch Lehrkräfte, die jahrelang auf ihren Beruf hingearbeitet haben und darin Erfahrungen sammeln konnten, werden nicht gefragt, und wenn, dann auf die falsche Weise.

Es gibt jährliche Umfragen in Lehrerkollegien zu Lehrergesundheit, doch Umfragen ändern nichts wo keine Folgen daraus gezogen werden, und die Fortbildungen zu Themen wie „wie gehe ich mit Unterrichtsstörungen um" oder „Entspannungsübungen für Lehrer" verhindern kaum, dass immer wieder der Stresspegel der Lehrer in den Himmel rauscht.

Ich witzelte in meiner Familie oft, ich bekomme kein Gehalt, sondern Schmerzensgeld, wenn es Phasen im Arbeitsleben gab, in denen die Arbeitszeit 14 Stunden oder mehr überschritten hatte. Das Wort Arbeitszeit darf eine Lehrkraft ungestraft gar nicht in den Mund nehmen.

Die Gewerkschaften fordern schon lange Zeit eine realistische Messung der Arbeitszeit von Lehrkräften, doch das scheint schwierig zu sein. Was gehört alles zur Arbeit? Das Telefonat mit dem Psychologen abends um halb 10? Das Stöbern nach passendem Unterrichtsmaterial, während man mit der Familie ein Museum besucht? Das Grübeln beim Einschlafen über das nächste Aufsatzthema? Das Checken der Dienstmails und der Vertretungspläne morgens am Kaffeetisch? Die Lehrerin oder der Lehrer fühlt sich scheinbar immer im Dienst, kann schlecht zur Ruhe kommen, schlecht aus seiner Rolle heraus. Er oder sie nimmt Aufgaben zumindest gedanklich immer mit nach Hause, wo man sich mit dem häuslichen Arbeitszimmer, dem zu Hause gelagerten Arbeitsmaterial konfrontiert sieht.

Belastend ist nicht nur die durchschnittliche Arbeitszeit, sondern die unregelmäßige Verteilung derselben. In manchen Wochen scheint der Aufwand noch tragbar, doch an anderen Tagen hat man das Gefühl, der Berg an Arbeiten sei unüberwindbar. Wenn man vor Elternsprechtagen noch abends zuvor 35 Mathematikarbeiten sorgfältig korrigiert hatte, um dann nach einem vollen Unterrichtstag Gespräche und Beratungen mit schwierigen Eltern bis 22 Uhr hinter sich zu bringen, fiel der Gang zu Bett nicht schwer, auch wenn manchmal aufgrund der Gespräche erholsamer Schlaf dennoch ausblieb.

Ich träumte schon von Zeugnissen, wenn ich über die Weihnachtsferien viele Stunden Textzeugnisse zu schreiben hatte, und erwachte schweißgebadet, weil ich dem falschen Kind einen Text unter das Fach geschrieben oder irgendetwas wichtiges vergessen hatte. Alpträume plagten mich, ich hätte die Zeugnisse nicht abgespeichert.

Wenn man abends vor siebzig Deutschaufsätzen sitzt, die am nächsten Tag korrigiert sein und im Rektorat abgegeben werden müssen, juristisch hieb und stichfest, denn die Anwälte der Eltern warten schon, macht man keine Entspannungsübungen mehr, und die Forderung, Schüler konsequent zu erziehen, wo häusliche Erziehung entgegenwirkt, ist manchmal angesichts vollkommen fehlender oder nicht als solche erkennbaren Konsequenzen wenig hilfreich.

Ich kann einen Hund nicht zum Jagen schicken, indem ich ihn an einer kurzen Leine an einen Baum binde. Ich kann nicht einem Schulkollegium sagen: Löse die Probleme, indem ihr neben eurem Alltagsgeschäft eine Arbeitsgruppe gründet, morgen müsst ihr ein Konzept erarbeitet und schriftlich vorliegen haben unter der Bedingung: Es darf sich nichts am bisher Vorhandenen ändern und es darf nichts kosten. Die Themen solcher Arbeitsgruppen reichen von Raumplanung bei fehlenden Klassenzimmern bis hin zu Umgang mit Corona oder der Integration geflüchteter Kinder aus aller Welt.

Inzwischen gibt es Lehrkräfte, die mit Hilfe von Psychotherapeuten lernen, Dinge zu akzeptieren, die sie nicht ändern können, damit sie den Dienst überhaupt noch ertragen, was nicht heißt, dass Eltern und Kinder den Lehrkräften die Missstände nicht vorhalten. Manches Abwiegeln der Lehrkraft wird schnell als Gleichgültigkeit und Unwillen empfunden.

Ich bin eine Lehrkraft, die tatsächlich über 30 Jahre als Lehrerin an verschiedenen Schulformen gearbeitet hat. Ich bin beileibe nicht die Vorzeigelehrerin. Ich habe gekämpft, habe viele Fehler gemacht, bin gestrauchelt, nicht selten darüber verzweifelt und auch wie so viele darüber krank geworden.

Ich bin dabei durch verschiedene Schulformen gestolpert, an allerlei Hindernissen gescheitert. Doch gerade das Scheitern gibt Anlass, sich selbst und das System zu hinterfragen oder zu verstehen, was tatsächlich vor sich geht.

In den Komödien über Schule klingt leider nur zwischen den Zeilen an, welche absurden Ausmaße die Bürokratie angenommen hat, die unser System hemmt. Es sind keine Steine, die im Wege liegen, es sind Felsbrocken, die da im Wege stehen, völlig veraltete Methoden und Lehrpläne.

Es ist eine Institution, die so starr und unflexibel geworden ist in ihren Strukturen, dass sie vergisst, dass sie es mit Menschen, einer sich vollkommen wandelnden Gesellschaft und nicht mit Geräten zu tun hat, die nach Din- Norm funktionieren, und dass sich dadurch auch die Anforderungen an Schule wandeln, sowohl in dem, welche Inhalte, als auch wie sie gelehrt werden.

Den Normschüler, für den dieses System entwickelt wurde, gibt es schon lange nicht mehr. So fallen immer mehr Kinder durch ein Raster. Die Pädagogik scheint sich wenig Gedanken darum zu machen, dass inzwischen mehr Schüler mit pathologisierten Diagnosen daherkommen als ohne. Wir sind inzwischen als Lehrkräfte über jedes zumindest scheinbar mental gesunde Kind froh und glücklich.

Scheinbar ist das Klassenzimmer zum Zentrum eines Kampfes jeder gegen jeden geworden. Die Eltern kämpfen mit den Kindern gegen die Lehrer, die kämpfen gegeneinander und gegen Schulleitungen und diese mit Schulträgern, Schulaufsicht und Bezirksregierungen. Die Kampfhandlung ist bei allen Beteiligten sichtbar, aber nicht immer, worum es geht.

Lehrer klagen über Unterrichtsstörungen. Die Lehrkraft referiert, und die Kinder stören ihn dabei. Beide Parteien haben unterschiedliche Vorstellungen vom Prozess des Lernens. Manchmal frage ich mich, wer stört wen in einer Schule? Die Bilder vom ungestörten Lehren und Lernen werden durch unsere biographischen Vorerfahrungen transportiert, doch die sind mit denen heutiger Kinder nicht mehr vergleichbar.

Der Kampf verbraucht alle Kräfte, die eigentlich für die Kinder da sein sollten. Als Resultat laufen immer mehr Lehrer davon, Seiten in sozialen Netzwerken mit Namen wie „Raus aus dem Schuldienst" haben Hochkonjunktur, das System scheint nicht mehr tragfähig zu sein. Noch nie haben so viele kraftlose Lehr-"kräfte" die Schule verlassen und suchen sich einen neuen Wirkungskreis. Übrig bleiben oft die resignierten, für die es zu spät ist, die keinen Ausweg sehen, die ihre Tage bis zur Pensionierung zählen, oder die ganz jungen, die noch Hoffnung haben.

Die Angst vor Verlust der Arbeitsstelle oder Pension liegt jedem Lehrer und jeder Lehrerin im Nacken. Es wurden schon wegen harmloser Darstellungen von Missständen in Medien, Tageszeitungen oder bei Radio- und Fernsehinterviews Schulleiterinnen und Schulleiter aus dem Dienst entfernt. Manchmal genügt als Grundlage hierzu eine einzige Bemerkung. Leider sind es oft gerade die engagiertesten Menschen, die dem Staat unbequem werden und die man schnell loswerden möchte.

Die Wahrheit zu sagen, oder gar durch ehrliches Engagement Veränderungen einzuleiten, ist weder erwünscht noch geduldet.   Erwünscht   ist   Anpassung,   Stille   halten,

Dienstanweisungen ausführen, die von oben kommen, ob sinnvoll, machbar oder nicht. Schule und ihre absolut hierarchischen Strukturen tragen oft nur ein demokratisches Gewand, darin verbirgt sich eine Diktatur wie beim Wolf im Schafspelz.

Es ist, als würde man auf Schulkonferenzen ein unwissendes Kind zwischen der roten und der blauen Mütze wählen lassen, aber die Auswahl ist vorgegeben, und bei Erreichen des Ziels kann man sagen: Ihr hattet an der Entscheidung Teilhabe, ihr habt gewählt. Inhalte der Mitgestaltung sind dann so Themen wie die Auswahl eines Lehrwerks aus zweien oder die Verteilung von frei wählbaren Ferientagen.

Eine Schulgemeinde darf wählen, ob man ein Schulfest oder einen Projekttag plant, aber das war es auch schon. Für die Unterrichtsqualität ist das wenig relevant, und auch nicht für das was, wie und wo gelernt wird.

Die Regierung ist der Meinung, was nicht machbar ist, muss machbar gemacht werden, und treibt bunte Blüten, wenn etwa eine Lehrerschaft darüber beraten muss, wie man 6 Lerngruppen in 5 Räumen unterbringt, ohne anzubauen.

Lehrern ist es untersagt, zu demonstrieren oder gar zu streiken, sie haben einen Eid geschworen, man möge ihnen ihr Schweigen und stillhalten nicht zum Vorwurf machen. Im Grunde werden sie schon beim Einstieg daraufhin selektiert, sie verpflichten sich zur Staatstreue, doch was heißt das? Müssten Pädagogen sich nicht eigentlich verpflichten, dem Wohl des Kindes zu dienen, wie etwa der Arzt der Gesundheit des Patienten dienen muss?

Widerstandskämpfer sind im System nicht willkommen, derweil könnte man eine Kultur gestalten, die durch das Aufgreifen von Diskussionen schneller Fortschritt erreichen würde. Es gibt weit fortschrittlichere Länder mit gut funktionierendem Schulwesen als Deutschland. Wir haben noch nicht einmal eingeführt, was andere Länder aufgrund ihrer negativen Erfahrung schon wieder abschaffen. Ein Beispiel ist die Digitalisierung im Grundschulbereich.

Diejenigen, die an die Öffentlichkeit gehen, sei es auch mit harmlosen Themen, werden schnell unter Druck gesetzt und zurechtgewiesen. Gefragt wären hier auch die Eltern, die Stadtverwaltungen, doch die leben meist wie der berühmte Affe: Nichts sehen, nichts hören, nichts sagen oder tun ihren Missmut nur hinter dem Rücken der anderen kund.

Ein Gespräch wäre nötig, eine wirkliche Reform, doch dazu müsste man alle Beteiligten zu Wort kommen lassen. Mein Buch ist ein Versuch, dazu anzuregen.

Aus dem Nähkästchen geplaudert, stellt es zumindest so einiges auf die Probe, was an Vorstellungen kursiert und schildert das Lehrerdasein aus einer internen Perspektive, wenn auch nicht neutral, sondern recht persönlich, aber deshalb nicht weniger erfunden, sonders selbst erlebt.

Keine Schule wird benannt, kein Ort, und manche Details wurden zum Schutz der Beteiligten ein wenig verändert, doch diese sind unwesentlich. Es sind alle Namen geändert, die der Kollegen und Kolleginnen, die der Schülerinnen und Schüler.

In der Hoffnung, mancher möge ein wenig mehr Verständnis aufbringen für die Schule, die Pädagogen, die Kinder, für unser aller Zusammenarbeit - oder ein wenig mehr Bereitschaft zur Veränderung, wer weiß….

Ich möchte nicht zu viel vorwegnehmen.

Es ist keine wissenschaftliche Arbeit, und mögliche Erklärungsansätze erheben auch keinen Anspruch auf Vollständigkeit. Man möge es mir nachsehen.

SCHOLA QUO VADIS

Die Schule (lateinisch schola von altgriechisch σχολή [skʰoˈlɛː], Ursprungsbedeutung: „Müßiggang", „Muße", später „Studium", „Vorlesung"), auch Bildungsanstalt oder Lehranstalt genannt, ist eine Institution, deren Bildungsauftrag im Lehren und Lernen, also in der Vermittlung von Wissen und Können durch Lehrer an Schüler und Schülerinnen, aber auch in der Wertevermittlung und in der Erziehung und Bildung zu mündigen, sich verantwortlich in die Gesellschaft einbringenden Persönlichkeiten besteht. ...[1]

Die Definition, die mir auf Wikipedia angezeigt wird, zeigt die hohe Erwartung, die an Schule herangetragen wird. Schulische Erziehung ist für eine demokratische Gesellschaft so wichtig, dass man das Ziel nicht aus Kostengründen aufgeben darf.

„Unsere Kinder sind unsere Zukunft", diese in Wahlkämpfen gern genutzte Phrase ist für die vielen, die tatsächlich im System der Schule feststecken, Lehrer und andere Insider, nur eine

---

[1] Wikipedia 06.09.2024

hohle Phrase. Diese Behauptung möchte ich im folgenden Kapitel näher erläutern.

Schauen wir uns erst einmal den Ist- Zustand an. Weshalb wirken diese guten Vorsätze unserer Politiker so entsetzlich unglaubwürdig?

Schule kämpft auf allen Seiten, mit Lehrermangel, mit fehlendem Personal, fehlenden Geldern, veralteten Räumen, fehlenden Konzepten, mit allen Beteiligten und gegeneinander. Doch kann man die Krise nur am Geld festmachen? Wohl kaum. Der Verdienst einer Lehrkraft ist durchaus akzeptabel, und im Vergleich mit anderen Ländern eher hoch.

Unverständlich ist die unterschiedliche Bezahlung der Lehrkräfte je nach Schulform. Doch auch die unterschiedliche Staffelung innerhalb einer Schulform ist ein schwieriges Thema. Man tut dieselbe Arbeit und verdient unterschiedliches Geld. Das erwartete Stundendeputat unterscheidet sich nicht nur je nach Schulform, sondern auch je nach Bundesland. Allein das führt zu Unzufriedenheit in Lehrerzimmern und ist ein Reizthema in Gewerkschaften.

Eigentlich ist es eine wundervolle Aufgabe, junge Menschen auf das Leben vorzubereiten, oder nicht? Der berühmte Pädagoge des 17. Jahrhunderts Johann Amos Comenius hatte gefordert, die besten Lehrer sollen die jungen Kinder unterrichten.

Unser Bildungssystem hat hingegen eine andere Hierarchie. Die Gymnasiallehrer, die am besten bezahlt werden und oft die wenigsten Stunden unterrichten müssen, blicken auf die

Grundschullehrer herab. Kurvendiskussionen zu lehren scheint in unserer Gesellschaft mehr wert zu sein, als Kindern die elementaren Grundlagen beizubringen.

Der Wert des Lehrens wird am Schwierigkeitsgrad des Lerngegenstandes gemessen. Geht es bei unserem Schulsystem tatsächlich noch um das Kind und seine bestmögliche Entwicklung?

In unserem System scheint es nicht mehr genug Lehrer zu geben, die diesen Beruf ausüben wollen. Die Begeisterung hält sich in Grenzen, viele flüchten. Wie sieht es in Wirklichkeit aus?

Nun, es ist so, dass besonders in Grundschulen eklatanter Mangel herrscht. Anstatt diesen Mangel zu kommunizieren, versucht man ihn erst zu verbergen und dann durch mehr oder weniger sinnvolle Spitzfindigkeiten auszugleichen.

Während ich an Grundschulen gearbeitet habe, gab es Kollegien, in denen sich viele Lehrkräfte mit nicht vollständiger oder auch nicht passender Lehrbefähigung tummelten. Um genau zu sein, es wurde Gymnasiallehrern ohne passende Anstellung versprochen, ihnen diese zu verschaffen, wenn sie sich bereit erklärten, einige Jahre an einer Grundschule Dienst zu tun.

Fakt ist jedoch, dass ein Gymnasiallehrer in keiner Weise auf die Arbeit in Grundschulen hin ausgebildet ist. Es wäre interessant, was passierte, würde man den Hausmeister dazu beauftragen, der vermutlich ebenso Geschick zeigen würde, mathematische Operationen für kindliche Denker zu Vereinfachen.

Ein von mir sehr geschätzter Kollege, ein ausgebildeter Germanist, betreute eine Gruppe Zweitklässler, mit denen er für ein Schulfest ein Theaterstück einstudieren und aufführen sollte. Er verwendete viele Stunden zum Bau einer Kulisse und vergaß, dass die Kinder nicht in der Lage waren, die Texte des Stückes zu lesen und zu erarbeiten, dies wäre seine Aufgabe gewesen, aber er hat sie diesbezüglich überschätzt.

Es ist, um so etwas vorzubeugen, so gedacht, dass der Gymnasiallehrer angeleitet durch ausgebildete Grundschullehrkräfte mehr oder weniger Aufsicht führt. Doch damit ist es im Schulalltag nicht getan. Der Gymnasiallehrer hat weder einen Blick für die Lernprozesse eines Grundschülers, noch kann er auf dessen Grundlage Unterricht planen, diagnostizieren und bewerten.

Grundschüler sind eben keine „kleinen Gymnasiasten", auch wenn das für unkundige so aussehen mag. Nach außen hin hat man Eltern gegenüber kommuniziert, man habe alles im Griff, die Klassen seien gut versorgt. Was alles dabei schief geht, erkennt man erst später. Das Lehramt für Grundschulen ist nicht umsonst von den anderen Lehrämtern abgetrennt und folgt einem spezifischen Lehrplan im Studium.

Es scheint in unserer Gesellschaft ein hoher Bedarf an verlässlicher Betreuung unserer Kinder da sein. Es wird von einem Recht auf Kinderbetreuung gesprochen, schon im Kindergarten. Auch unser Schulministerium suggeriert, es sei lückenlos qualitativ guter Unterricht und Betreuung gewährleistet. Es fällt bei Erkrankung einer Lehrkraft offiziell auch kein Unterricht aus.

Es liegt in der Natur der Sache, dass Lehrkräfte krank werden können. Personal an Schulen ist teuer, und deshalb sind hier am meisten Einsparungen möglich. Daraus resultiert, dass bei Erkrankungen die schule in Engpässe gerät. Dies belastet das System ungemein. Fakt ist, dass von der erkrankten Lehrkraft erwartet wird, dass sie dem vertretenden Kollegen die Aufgaben für die Schüler vorbereitet hinlegt, ihre Planung dem Kollegen oder der Kollegin weitergibt und die Schüler dann auf andere Klasse aufgeteilt werden. Das belastet.

Man hat gefälligst im Auge zu haben, dass man am nächsten Tag krank wird, oder auch mit Fieber und röchelnd in der Schule einzumarschieren, um dann Klassensätze Arbeitsblätter für Schüler zu kopieren, damit diese beschäftigt sind. Dann sitzen bei den Kollegen häufig an kleinen Grundschulen mindestens ein halbes Dutzend Kinder aus anderen Klassenstufen im Unterricht, die beaufsichtigt werden und die man im Blick haben muss.

Jetzt wäre das noch machbar, solange sich alle Klassen, auf die aufgeteilt werden kann, im Schulhaus befinden. Findet Sport, Schwimmen oder anderer außerhäuslicher Unterricht statt, ist die Verantwortung zu groß und das Konzept geht nicht auf. Ich selbst habe nicht selten aus diesem Grund zwei Klassen gleichzeitig unterrichtet, um einer Kollegin noch den Besuch eines außerschulischen Lernortes zu ermöglichen, obwohl jeder von uns noch die Klasse einer erkrankten Kollegin hätten übernehmen müssen. Man rennt dann bei geöffneter Türe zwischen zwei Klassen hin und her, immer der entgegen, die am lautesten ist.

Spannend wird es auch, wenn man Erstklässler aufteilen muss, die sich im Haus nicht auskennen. Manch einem ist schon so ein kleiner Schüler entwischt, der einfach angesichts der eigenen Orientierungslosigkeit meint, die Schule sei aus und nach Hause geht. Dies führt dann zu großem Aufruhr, entweder, weil das Fehlen bemerkt wird und die Schule durchsucht wird, oder weil die Mutter zur Schule kommt und sich lautstark beklagt, dass die Lehrer ihr Kind in Lebensgefahr gebracht haben durch ihre Unachtsamkeit.

Es mag in der Not sinnvoll sein, zu solchen Vertretungskonzepten zu greifen, jedoch nicht auf Dauer. Es fehlen Ideen und Möglichkeiten, ausgefallenen Unterricht wirklich sinnvoll zu vertreten. Manchmal wäre es besser gewesen, Mütter oder Großmütter hierfür einzusetzen, oder Pensionäre in den Dienst zurückzuholen, als dieses Aufteilen. Wir hatten Schulhalbjahre, in denen es keine einzige Woche ohne umfangreiche Vertretungspläne gegeben hätte. Das den Eltern nicht ehrlich zu kommunizieren, ist, mit Verlaub, Augenwischerei.

Den Kindern fehlt der Unterricht, der so ausgeführt keiner ist. Es ist ihnen oft nicht klar, dass der Nachwuchs anstatt mitreißenden, mit Liebe geplanten Unterricht zu haben, mit sechs Klassenkameraden Mandalas ausmalend in einer fremden Klasse auf dem Boden hockt. Die Lücken werden mitgeschleppt, wenn sich die Erkrankung einer Lehrkraft länger hinzieht.

Es fehlen überall Fachkräfte in unserer Gesellschaft, weshalb sollte es in der Schule anders sein. Junge, leistungsfähige Menschen, welche die Gesellschaft durch ihren Fleiß und ihr Wissen tragen, die Wirtschaft am Laufen halten, Zukunft gestalten sind gesucht wie die Stecknadel im Heuhaufen. Junge Menschen sollen einen sinnvollen Platz in der Gesellschaft finden, die Grundpfeiler sein.

Wie konnte es zu dieser Krise kommen? Fakt ist, doch, so sagen alle Pädagogen, dass eine positive Beziehung zur Lehrkraft eine unabdingbare Voraussetzung für den Prozess des Lernens ist, vor allem beim Kind. Die Eltern stellen jedoch Anforderungen, die von dem System wie es ist, nicht zu leisten sind. Weshalb das so ist, versuche ich in dem Buch zu ergründen. Es scheint jedenfalls eine Spirale der Unzufriedenheit zu sein, in die alle Beteiligten hineingerauscht sind.

Die Eltern geben häufig vollkommen unreflektiert ihre meist negative Haltung an das Kind weiter. Eltern sehen nur die Rechte des Kindes, und verteidigen sie mit aller Kraft. Mögliches und Unmögliches zu unterscheiden ist nicht mehr machbar. Was ist schiefgelaufen? Wo ist diese positive Sichtweise auf die Lehrer hingekommen?

Eltern erwarten von der Lehrkraft Verlässlichkeit, Gerechtigkeit, Geduld und Nachsicht. Ihr Kind soll im Mittelpunkt aller Bemühung stehen, Beachtung finden. Seine Bedürfnisse sollen wahrgenommen werden, es soll sich angenommen und geliebt fühlen. Sie wollen das allerbeste für ihr Kind. Für die Lehrkraft heißt das: gerechtes Aufteilen der Aufmerksamkeit und Fürsorge, geteilt durch 35. Jedes Kind hat andere Bedürfnisse, die sich zudem während der Schulzeit ständig wandeln.

Es müsste sich ein höherer Bedarf an pädagogischer Zuwendung bei vielen Schülern mit besonderen Belastungen, aus sozial schwachen Bevölkerungsschichten oder mit Lernhemmnissen auch im Personalschlüssel niederschlagen, doch das tut es nicht.

Ist das leistbar, wenn eine Lehrkraft mit bis zu dreißig Kindern fachfremd in Türschwellenmanier von Stunde zu Stunde und von Aufsicht zu Aufsicht hetzt? Wenn sie mit Liebe Unterricht geplant hat, der dann nicht gehalten werden kann, weil mit hoher Wahrscheinlichkeit andere Dinge dazwischenkommen?

Hinzu kommt die nicht geringe Belastung außerhalb der reinen Unterrichtsaufgaben, die von Eltern gar nicht wahrgenommen werden. Zwischen Pausenaufsichten, Vertretungen und Unterricht gelingt manchmal nicht einmal eine Toilettenpause, weil man dienstliche Telefonate zu erledigen hat, Wunden verbindet, Informationen mit Kollegen austauschen muss, Verwaltungsaufgaben verrichtet.

Manch einer verzichtet darauf, ausreichend Flüssigkeit zu sich zu nehmen, weil es sich rächt, wenn man dreißig Kinder allein lässt, um auf Toilette zu gehen, während in der Klasse Prügeleien losgehen, sobald man den Kindern den Rücken zudreht. Eine Lehrkraft muss eigene Bedürfnisse ständig hintenanstellen, auch wenn es sich um Grundbedürfnisse handelt.

Man hat Aufsichtspflicht. Doch welche Pflichten hat der Arbeitgeber den Lehrkräften gegenüber? Die Problematik zeigt sich nicht nur in den unteren Klassen. In den höheren Klassen erwartet man von Lehrkräften die Gestaltung von Klassenfahrten ins Ausland, und erwartet, dass die Lehrkraft, die drei Tage pausenlos im Dienst war, durchwachte Nächte inklusive, am darauffolgenden Tag wieder im Klassenzimmer steht und ihren regulären Unterricht fortführt.

Eine Kollegin hatte es geschafft, mit der Klasse im Nachtbus nach London zu reisen, dort drei Tage zu verbringen und über Nacht zurückzureisen, wo sie ohne jegliche Pause um 8 Uhr morgens den Dienst im Klassenzimmer fortsetzte. Der Koffer stand neben dem Lehrerpult.

Möchte jemand so arbeiten? Ich glaube nicht. Lehrer arbeiten oft bis zur völligen Erschöpfung. Viele gehen weit über ihre Grenzen. Sie versuchen mit aller Kraft, den hohen Ansprüchen gerecht zu werden, und Grenzen zu ziehen ist nicht gern gesehen. Persönliche Befindlichkeiten zu kommunizieren ist häufig ein gewagter Versuch, denn es arbeitet jeder im System über seine Grenze hinaus und kann deshalb für andere keine Stütze sein.

Für Frauen mit Familie oder gar alleinerziehenden ist das oft ein Spagat, der kaum mehr leistbar ist. Wenn persönliche Belastungen dazukommen, ist es nicht gern gesehen, Aufgaben in Schule zurückzustellen. Der Kraftakt wird weder vom Kollegium noch von Schulleitungen oder gar dem Arbeitgeber gesehen oder honoriert.

Soweit zur Situation unseres Personals an Schulen. Bei dem Personal, das nicht zum Lehrkörper gehört sieht es nicht besser aus. Wir hatten vor wenigen Jahrzehnten noch an jeder Schule einen Hausmeister. Dazu kam festes Putzpersonal, welches man mit Namen kannte, das den Ehrgeiz hatte, ihre Schule gepflegt aussehen zu lassen und das auch die Zeit hatte, eventuelle Verunreinigungen zu sehen und diese zu beseitigen. Heute hat ein Hausmeister drei Schulen zu betreuen, oder muss sich noch Aufgaben wie der Pflege eines Computernetzwerkes widmen. Ansprechbar ist er kaum noch, und der verzweifelte Standardspruch ist: „Ich bin nicht zuständig". Er hält sich fest an die Aufgabenkataloge seiner Stellenbeschreibung.

Putzkolonnen werden nachmittags durch die Schule gejagt, die drei Minuten Zeit haben, eine Klasse zu reinigen. Die Schule ist fremd, und in drei Minuten hat man keine Zeit, auch noch losen Schmutz aufzukehren oder eine Oberfläche abzuwaschen, die es dringend nötig hätte. Fenster gehören nicht zu ihre Aufgabengebiet, dazu kommt ein Mal im Jahr der Fensterputzer.

Ständig verschmutzte Räumlichkeiten und Umgebungen sind weder Ort des Wohlfühlens noch animieren sie dazu, die Räumlichkeiten pfleglich zu behandeln. Ästhetik liegt im Auge des Betrachters, aber wo schon Papierchen und anderer Müll herumliegt und Mülleimer überquellen, wirft man den eigenen daneben. Und wo unter Tischen von Erstklässlern Nahrungsmittel faulen zwischen Heften und verrotteten Taschentüchern, der Schimmel sich breit macht und Brote ihre Konsistenz wandeln, ist die Grenze zur Gesundheitsgefährdung überschritten.

Häufig versucht eine Lehrerin oder ein Lehrer, die Mängel auszugleichen. Man bemüht sich. Man fegt Räume nach der Unterrichtszeit, verbringt oft noch eine Stunde länger damit, im Schulhaus Arbeiten zu vervollständigen, um dann nach Hause zu fahren und dort den Teil der Arbeit zu erledigen, der auf einen wartet: Unterrichtsvorbereitungen für den nächsten Tag, Korrekturen, Niederschriften, Protokolle.

Lehrer arbeiten tatsächlich oftmals vollkommen am Anschlag. Was manche Kollegin noch schafft, die ohne Familie ihre Aufgabe als einzigen Lebensinhalt sieht, schaffen andere nicht mehr oder wollen nicht mehr.

Was man sich als Lehrkraft wünscht, ist nicht die pekuniäre Aufwertung der Arbeit, sondern gesellschaftliche Anerkennung, Dankbarkeit, gesehen werden. Man wünschte sich, die eigenen Bemühungen würden wahrgenommen. Stattdessen erntet man Hohn und Spott.

Dass so ein System scheitern muss, dürfte jedem klar sein. Je schlimmer die Zustände werden, desto mehr werden die Flucht ergreifen. Schon heute suchen viele ihr Heil in Privatschulen. Und ich frage mich, wie konnte ich nur hier hingeraten?

Was hätten wir gebraucht? Was wäre hilfreich gewesen?

- ➢ *Ehrliche Kommunikation zwischen Eltern und Lehrern*
- ➢ *Vertrauensbasis*
- ➢ *Arbeitszeiten, die tragbar sind*
- ➢ *Entlastung aus anderen Aufgaben, wie Aufsichten*
- ➢ *Wirkliche Entlastung bei Krankheit*
- ➢ *Qualifiziertes Personal für Vertretungen*
- ➢ *Weniger Personaleinsparungen an Schulen*
- ➢ *Mehr Stärkung innerhalb des Kollegiums*
- ➢ *Stützen von jungen Kollegen oder Hilfen bei besonderen Belastungen*

WENN DU IN DIE SCHULE KOMMST, BEGINNT DER ERNST DES LEBENS

Kein Lehrer kann sich davon freimachen, dass selbst Erlebtes sein Rollenbild als Lehrkraft mitprägt, ebenso wie seine Vorstellung von Schule, Unterricht und Erziehung. Diese Tatsache hat mich dazu verleitet, darüber nachzudenken, wie Kindheit und Schule zu meiner Jugendzeit im Vergleich zu heute erlebt wurde, welche Erwartungen damals an Schule herangetragen worden waren und wie Lehrer in der Gesellschaft damals gesehen wurden.

Wäre Schule zu meiner Kindheit gewesen wie heute, wäre ich dann Lehrerin geworden? War damals System Schule so viel anders? War ich blind? Oder gab es tatsächlich noch eine Art „Heile Welt" an Schulen?

Auch wenn solche Überlegungen dazu verführen, träumerisch in der Vergangenheit zu schwelgen, können sie hilfreich sein bei der Beantwortung der Frage, was hat mich eigentlich auf diesen Weg gebracht, Lehrerin zu werden, und vor allem, was hat zu meinem Rollenbild der Lehrerin beigetragen.

Mein Großvater, der um die Jahrhundertwende des 19. Jahrhunderts geboren war, war bereits Lehrer der örtlichen Hauptschule, was meine Großmutter mit viel Stolz erzählte. Viele Geschichten rankten sich um ihn. Ehemalige Schüler erzählten mir als Kind von ihren Erlebnissen mit ihm.

Meist hieß es, er sei streng, doch auch deswegen geachtet gewesen. Man erwartete, dass er die Klassen „im Griff" hatte, und das war damals durchaus im wörtlichen Sinne gemeint. Zucht und Ordnung habe geherrscht, erzählte meine Oma, und das war offenbar ein wichtiger Aspekt. Gleichzeitig wurde mir erzählt, habe er den Schülern und Schülerinnen mit seiner Begeisterung für sportliche Betätigungen viel Freude bereitet.

Er selbst konnte mir nichts mehr erzählen, da er im zweiten Weltkrieg gefallen war, doch sein Klavier und seine Notenbände standen noch herum, als könnte er plötzlich zur Türe hereinkommen. Er war auch, wie ich später, Organist gewesen. So war es schon zu seiner Zeit üblich, und mit den Kindern wurde viel gesungen. Singen hatte einen hohen Stellenwert, deshalb gab es in unserem Dorf mehrere Musik- und Gesangsvereine.

Es gab auch Bilder aus dieser Zeit, vergilbte Schwarz- Weiß-Bilder. Die Klassenzimmer sahen schon genauso aus wie heute. Vorne stand die Tafel, davor das Lehrerpult. In drei Reihen waren die Schülerpulte aufgereiht, alle auf die Tafel hin ausgerichtet. Doch es gab einen Unterschied. Die Pulte waren schräg gestellt, so dass die Kinder eine aufrechte Sitzhaltung einnehmen konnten, wo heutige Kinder wenig Rückenschonend vornübergebeugt sitzen. Die Tatsache, dass sie im Unterricht stillsitzen müssen, hat sich kaum verändert.

Man denkt sich Klassenzimmer heute exakt so, wie Generationen zuvor sie erlebt haben. Die Lehrperson steht vor der Klasse, gibt Anweisungen, referiert, zeigt Vorgänge, die Schüler sitzen im besten Fall stille, hören zu und führen aus. Das ist Schule. Das sind unsere Präkonzepte von Unterricht. Das ist genau das, was wir am häufigsten bis zum heutigen Tag vorfinden, in Grundschule, weiterführender Schule, Gymnasium bis zur Hochschule.

Muss das so sein, frage ich an dieser Stelle? Weshalb muss das so sein? Ist das gut so? Beginnen wir bei der Körperhaltung. Untersuchungen über die Sitzzeiten von Kindern und Jugendlichen bringen erschreckendes zu Tage.[2] Man spricht von einer Prävalenz zwischen Sitzzeiten und chronischen Erkrankungen. 71 % der Wachzeit an Werktagen wird von Kindern und Jugendlichen im Sitzen verbracht. Das ist laut Medizinern viel zu viel.

Niemand wird sich darüber wundern, dass Schüler aufgrund des Aufenthalts in Schulen zu lange sitzen, da mit der Einschulung die Dauer des Sitzens sprunghaft ansteigt, und dass das für keine Altersgruppe gesund ist. Es ist kein Geheimnis, dass bereits Kinder in erschreckendem Maß übergewichtig sind. Laut WHO[3] ist jedes dritte Kind von Übergewicht betroffen, was das größte Risiko darstellt für viele spätere Erkrankungen. Gleichzeitig leidet der Zustand des Bewegungsapparates und der Muskulatur.

Wissenschaftler sind sich einig, dass Kinder ein Bewegungsbedürfnis haben, und Bewegung sowohl für die Gesundheit, die

---

[2] Huber g, Köppel M. Analyse der Sitzzeiten von Kindern und Jugendlichen zwischen 4 und 20 Jahren. Dtsch Z Sportmed. 2017; 68: 101-106.
[3] Adipositas im Kindesalter. Fünf Fakten über die Europäische Region der WHO. 3 march 2023

körperliche Entwicklung und die Gehirnentwicklung unabding-
bar ist.[4] Muss das also alles so sein? War das schon immer so?

Eines ist sicher: Die Schulzeiten sind heute um vieles länger
als damals und das Freizeitverhalten hat sich massiv geändert.

Doch warum hat sich dann an unseren Schulgebäuden, unseren Klassenzimmern nichts geändert? Die Architektur ist dieselbe geblieben wie vor hundert Jahren, die Raumgestaltung
auch. Der Tagesablauf der Kinder hat sich jedoch für die Gesundheit der Kinder zum negativen verändert, und diesen werden wir noch weiter unter die Lupe nehmen.

Nun also zurück zu meiner Ausgangsfrage, ob ich als Kind
schon einen Hang zum Lehrersein verspürt hätte oder irgend-
welchen persönlichen Voraussetzungen dazu entwickelt hätte.
Diese Frage muss ich massiv bestreiten. Ich bin 1966 geboren.

Ich erinnere mich, wie mich meine Großmutter fragte, als ich
noch ein kleines Kind war: „Frieda, was möchtest du mal werden?" Während der Kindergartenzeit antwortete ich wie aus der
Pistole geschossen: „Lokomotivführer". Wie ich darauf kam,
könnte ich heute nicht sagen. Vielleicht war es die Vorstellung
von Freiheit, eine kindliche Illusion, welche durchaus mit der
Idee in Einklang zu bringen war, ein Lokomotivführer könne mit
seiner Lokomotive überall hinfahren, und eine Lok ist stark und
schwer und unaufhaltsam.

---

[4] Bahnemann, S., mit Beiträgen von G. Hüther (2010):
Schatztruhe Bewegung für das kindliche Gehirn, ab 2011:
Müllheim: auditorium (DVD)

Später drängte sich in mir der Wunsch auf, Tierärztin zu werden. Es schien ein reizvoller Beruf für mich zu sein, sein Leben den Tieren und deren Gesundheit zu widmen. Ich liebte Tiere, brachte mit ihnen viel Zeit zu und erträumte mir tatsächlich viele Jahre meines kindlichen Lebens, als Landtierärztin Kälbern auf die Welt zu helfen oder Pferden Hufabszesse aufzuschneiden. Ich war in dieser bäuerlichen Umgebung aufgewachsen, wo man als Kind staunend danebenstand, wenn Tierärzte bis zur Schulter in Kuhhinterteilen steckten und sie nach langer, schweißtreibender Arbeit ein tropfnasses Bündel neuen Lebens vor sich liegen hatten, welches wir als Kinder dann eifrig mit Stroh abreiben durften, damit die Atmung in Gang kam.

Entgegen so vieler Vorurteile von Möchtegerntierschützern aus der Stadtbevölkerung über Landwirte, die sich heute als Buhmänner der Nation und Ursprung allen Unheils mit den Lehrern die Hand reichen können, haben die Bauern das Wunder des neuen Lebens durchaus freudig empfangen und das nicht nur, weil es ihre Existenzgrundlage war und Sicherung ihrer Finanzen, sondern weil es ein Geschenk des Himmels ist. Man war ergriffen, auch beim hundertsten Kalb und dreihundertsten Lamm, und das Herz des Bauern schlug bis zum Hals, wenn es sich regt und strampelt, sobald es auf der Welt war.

Der Hang zur Musik war immer in mir. Als ich mit etwa 12 Jahren schon Geld mit Orgelspiel in der Sonntagskirche verdiente, wurde der Berufswunsch des Tierarztes zurückgedrängt. Musik wurde zu meinem wichtigsten Lebensinhalt, bis heute. Lehrerin werden wollte ich jedenfalls nie. Ich machte mir über den Kern dieses Berufes überhaupt keine Gedanken.

Wenn ich heute zurückblicke, war mein Verhältnis zu Lehrern sehr gespalten. Es war kein Beruf, den ich bewundert hätte, und Lehrer waren häufig keine Persönlichkeiten, die ich grundsätzlich mit Ehrfurcht betrachtete. Es war auch keineswegs so, dass ich jemals einem Lehrer oder einer Lehrerin begegnet wäre, die mir als Vorbild oder Idol hätte dienen können. Freilich bewunderte ich deren Wissen, doch um wirklich Hochachtung zu empfinden brauchte es Persönlichkeit. Mein späterer Orgellehrer war so ein Mensch, oder ein Professor, den ich erleben durfte, aber aus der Schule war mir noch keiner begegnet.

Ein gewisses Misstrauen gegen alles, was mit Schule zu tun hat, begann quasi schon mit meiner Einschulung. „Frieda, wenn du in die Schule kommst, beginnt der Ernst des Lebens," wurde mir mit ernster Miene versichert. Ich hatte keine Vorstellung davon, was der Ernst des Lebens sei, es konnte jedenfalls nichts Schönes sein, eher etwas was Mitleid hervorrief, wenn die schönste unbeschwerte Zeit des Lebens doch nun angeblich vorbei sein sollte. Mich macht diese Ankündigung heute noch wütend, wenn ich das aus dem Mund so mancher Großeltern höre, die bei der Einschulung anwesend sind.

Meine Adoptiveltern hatten Schule noch mit viel Gewalt am Kind verbunden. Erst 1973 wurde die Prügelstrafe an Schulen verboten. Davor war es ein von der Lehrerschaft als brauchbar erachtetes Mittel, unerwünschtes Schülerverhalten abzustellen. Sogenannte Tatzen, Schläge mit dem Rohrstock auf Hände oder Hinterteile, kamen oft zur Anwendung wie auch das Ziehen der Ohren oder Haare. Meine Adoptivmutter erzählte auch, dass sie geschlagen wurde, weil sie es gewagt hatte die falschen Fragen zu stellen.

Sie hatte wissen wollen, ob das Schulskelett, ein zu meiner Zeit noch der Anschauung dienendes echtes, mit Draht zusammengebautes Gebein, männlichen oder weiblichen Ursprungs gewesen sei und woran man das erkenne.

Eher durch die Ansprachen der Erwachsenen eingeschüchtert stand ich ängstlich mit der Schultüte und dem neuen roten Tornister vor dem Schultor, mit den beinahe dreißig anderen Dorfkindern, die neu eingeschult wurden. Es war Anfang der Siebziger Jahre schon eine lebhafte Schar.

Wie war nun diese Schülerschaft zusammengesetzt? Die Kinder, die am häufigsten vertreten waren, waren die typischen Dorfkinder der Schwäbischen Alb, die damals noch landwirtschaftlich geprägt war. Man trug das hübscheste Kleid mit weißen Strümpfen, manche kamen im Dirndl. Alle sprachen den örtlichen Dialekt und kannten sich aus dem Kindergarten.

Üblicherweise waren auch die Bauernfamilien erpicht, mindestens ein Kind der Familie in die nächste Großstadt zum Studium zu schicken, meistens das zarteste von allen, das für die Landwirtschaft am wenigsten taugte und die fehlende Muskelmasse mit Intelligenz wettmachte. Also wurden auch diese Kinder mit hoffnungsvollen, mahnenden Worten zur Schule geschickt, Schulerfolg wurde als wichtig erachtet, als Voraussetzung für ein erfolgreiches und erfülltes Leben.

Jeder Landwirt würde ein paar Jahre später vor dem Problem stehen, das Gehöft nur an ein Kind weitergeben zu können, also mussten die anderen Kinder möglichst einen pekuniär gewinnbringenden Beruf ergreifen, und man ermahnte den

Nachwuchs, immer schön aufzupassen und zu lernen, und tat sein Bestes dazu, dass das Kind in der Schule mitkam. Hausaufgaben wurden auch in der Landbevölkerung kontrolliert, oft von Großeltern, die Zeit hatten. Nicht selten lebten mehrere Generationen unter einem Dach.

Seit der Sechzigerjahre lebten bereits Gastarbeiterfamilien in unserem Ort, und somit auch deren Kinder. Den intensivsten Kontakt hatte ich mit italienischen Gastarbeiterfamilien und deren Kindern. Sie besuchten gemeinsam mit uns deutschen Kindern den Kindergarten und natürlich den örtlichen Turnverein, bekamen früh bereits vor der Einschulung Sprachförderung, und sprachen meistens schwäbisch wie wir zu Beginn des Schulbesuchs.

Sie spielten immer mit den anderen Kindern auf der Straße, schnatterten fröhlich auf dem Schulhof und ich kann mich nicht erinnern, dass es Verständigungsschwierigkeiten gegeben hätte. Kinder unter sich knüpfen schnell Kontakte und lernen so auch schnell, sich gegenseitig zu verständigen.

Natürlich gab es im Gegensatz zu heute nicht die Ghettoisierung von Migranten. Sie lebten unter uns und mit uns. Sie hatten nur die Chance deutsch zu sprechen, denn es gab keine Wohngebiete, in denen sie sich vorwiegend in ihrer Sprache hätten bewegen können. Deren Kinder sahen dieselben Kinderfilme wie wir und verbrachten ihre Freizeit mit deutschen Kindern, wodurch sie genügend Anregungen erhielten, um die deutsche Sprache zu erlernen.

Wenn ich zu diesen Kindern nach Hause ging, bekam ich dort Limonade, man unterhielt sich und es war keine Hemmschwelle im Umgang miteinander, im Gegenteil. Ich verstand bald auch ein paar Brocken italienisch, lernte die Begrüßung oder das Zählen. Man feierte gemeinsam die Kindergeburtstage, und lief in den Häusern ein und aus. Einzig die unterschiedlichen Geschmäcker bei der Auswahl der Weihnachtsbeleuchtung wurden belustigt aufgenommen, blinkte es bei den italienischen Familien herrlich bunt in den Fenstern, doch es waren Christen wie wir und es gab keinerlei Konfliktpotential.

Auch zwischen uns und den griechischen Gastarbeiterkindern war keinerlei Vorbehalt. Es waren geschätzte Menschen im Ort, die meist einer geachteten Arbeit in einer der Fabriken nachgingen. Sie wurden gebraucht und auch respektvoll behandelt. Nicht wenige besuchten später mit mir das Gymnasium.

Wir hatten auch zwei türkische Familien im Dorf, die lebten tatsächlich etwas befremdlich für schwäbische Verhältnisse und fielen durch ihre andersartige Lebensweise mehr auf, als Migranten aus anderen Ländern, was uns Kinder nicht davon abhielt, miteinander zu spielen. Für die Kinder war das, was die Großen taten, völlig irrelevant. Am auffälligsten war, dass die türkischen Frauen Kopftuch trugen. Die Bäuerinnen hatten zwar auch meist das Haar bedeckt, doch in anderer Manier und aus anderen Gründen. Man wollte nicht nach Kuhstall stinken.

Eine türkische Familie im Ort, die zwei Straßen weiter wohnte, hatte Hühner auf dem Dachboden und zwölf Kinder, eines davon besuchte meine Klasse und wir freundeten uns an. Sie war gut in der Schule, und turnte begeistert mit mir in der

Kinderturngruppe. Irgendwann war der Vater der Kinder fort, und die Mutter schickte meine Freundin als Ehefrau eines fünfzigjährigen Apothekers, den sie noch nie gesehen hatte, in die Türkei. Das Mädchen war noch keine zwölf Jahre alt, und kannte nur das freie Leben in Deutschland. Das fand ich als Kind sehr traurig, und wüsste nur zu gerne, wie es ihr heute geht. Für die türkische Mutter, die ihre Familie mühselig durch Putzarbeiten am Leben hielt, war jeder Esser weniger die Rettung.

Unser türkischer Nachbar hatte zwei Frauen gleichzeitig, was natürlich auch ungewöhnlich war. Er hatte die Zweite in der Türkei geehelicht, nachdem seine erste Frau ihm keine Kinder schenkte. Es hieß hinter vorgehaltener Hand, sie schliefen alle in einem Bett. Die Frauen waren eng befreundet und schenkten mir immer wieder Blumen, wenn sie zu zweit mit einem Kinderwagen und dem endlich empfangenen Nachwuchs an unserem Garten vorbeikamen. Sie waren immer freundlich und nett. Dennoch zeichnete sich damals schon ab, dass die fremde Religion durchaus ein Hindernis zur Integration sein konnte, denn diese Kinder nahmen meist nicht an Geburtstagen und Festen teil, wohl auch aus Angst, das falsche Essen angeboten zu bekommen.

Was jedenfalls damals in Schulen noch gelang, nämlich Kinder mit anderer Muttersprache in den deutschsprachigen Unterricht zu integrieren, scheint heute auch aufgrund der Masse an Kindern ohne ausreichendes Sprachvermögen schwierig zu sein.

Heute habe ich manchmal den Eindruck, als gingen Feinheiten der Sprache und die Vielfalt des Wortschatzes verloren, da sich deutsche Kinder an die rudimentären Kenntnisse der Mehrheit der Schülerschaft anpassen. Es hat sich eine Jugendsprache daraus entwickelt, die nicht nur durch Anglizismen, sondern auch grammatikalisch von einer Vereinfachung geprägt ist.

Der Gebrauch eines Akkusativs scheint sogar bei Erwachsenen immer mehr aus der Mode zu kommen, schenkt man den sozialen Netzwerken Glauben. Was man dort an Satzkonstruktionen zu Gesicht bekommt, hätte man sich vor wenigen Jahren nicht zu veröffentlichen gewagt. Der Anspruch an perfekter Rechtschreibung erlischt im Zeitalter der Computertechnik.

Um zu den Alltagserfahrungen und den Lebensumständen früherer Zeiten zurückzukehren: Man muss in aller Deutlichkeit erwähnen, dass für alle Kinder das Leben ein anderes war, als man es heute kennt. Mütter waren üblicherweise zu Hause, die Väter gingen arbeiten. Großeltern lebten im Haus. Ich kannte kaum Kinder, die nicht mit beiden Elternteilen zusammenlebten. Eine Patchworkfamilie, wie sie heute völlig normal ist, hatte es damals kaum gegeben.

Die Schule ging bis 12 Uhr oder im Höchstfall bis 1 Uhr, wenn man in einer höheren Klasse war. Danach rannte man nach Hause, so etwas wie Nachmittagsbetreuung gab es nicht. Auch im Kindergarten war das schon so gewesen. Kinder aßen zu Hause, und nachmittags hatte man frei. Fremdbetreuung gab es nicht und war auch nicht nötig.

Freies Spiel mit anderen Kindern in der Natur waren fester Bestandteil unseres Lebens. Als Kind traf man Entscheidungen, was und mit wem man spielte und womit man sich beschäftigte. Man erlebte die Natur, die Jahreszeiten und Tiere gehörten zur Erlebniswelt selbstverständlich dazu. Man erlebte die Herstellung von Lebensmitteln, half auf dem Acker, zu Hause baute man Obst und Gemüse an. Dass der Anbau von Lebensmitteln mit viel Arbeit verbunden war, flößte uns Ehrfurcht ein, und man wurde auch darauf hingewiesen, wie wertvoll Lebensmittel zu behandeln seien. Meine Adoptiveltern und Großeltern hatten Kriege und Entbehrungen miterlebt, und dabei auch Hunger. Einen Apfel wegzuwerfen wäre uns nicht in den Sinn gekommen. Man wurde nass und dreckig, aß Brote zwischen den Kühen im Kuhstall und trank deren Milch. Ob da noch ein Halm Stroh am Becher hing, störte keinen.

Für Kinder heute haben, trotz der hohen Zahl armer Familien, Lebensmittel nicht mehr diesen Eigenwert. Man hat sich dem Prozess entfremdet. Es scheint, als seien Lebensmittel überall und allzeit verfügbar oder haben es zu sein. Die Freude über die ersten Erdbeeren geht darüber verloren. Vieles wird einfach achtlos weggeworfen.

Auch das kindliche Verhalten hat sich sehr verändert. Von uns wurde erwartet, sich achtsam und ruhig Menschen und Tieren gegenüber zu verhalten. Man hat uns eingeschärft, dass wir Gast im Wald sind und die Tiere sich nur zeigen, wenn wir leise sind. Diese Achtsamkeit wurde eingeübt. Wären wir laut schreiend durch den Kuhstall gerannt, hätten wir Rügen kassiert, Lärm oder Schreierei wurde nicht geduldet.

Es ist nicht so, dass ich nicht die Notwendigkeit der freien Entfaltung für Kinder sehe. Manchmal empfinde ich die Kinder heute als völlig grenzenlos.

Mir tun die Kinder heute entsetzlich leid, die von früh morgens an bis nachmittags in der Schule ihre Zeit verbringen müssen. Sie leiden unter der Reizüberflutung und dauerhaften Bespaßung, können für sich keine Entscheidungen treffen und tun, was ihnen guttut oder was sie brauchen. Man fordert Anpassung und soziales Miteinander, doch wer einmal mehrere Stunden dieser Unruhe und Geschrei ausgesetzt war, weiß wovon ich rede.

Jede Lehrkraft kennt den Zustand, wenn man nach 6 und mehr Stunden Kindergeschrei nach Hause fährt, und nur noch Stille genießt. Messungen in Klassenzimmern ergeben Lärmpegel zwischen 60 und 80 Dezibel.[5] Ab 65 Dezibel, so sagt man, kann Lärm tatsächlich krank machen und trägt zu Unruhe und Unwohlsein bei. Kopfschmerzen, Herz- Kreislauferkrankungen, Magen- Darmbeschwerden können durchaus Folge sein einer dauerhaften Kinderbeschallung. Lärmschutz an Schulen ist ein wichtiges Thema, das zu wenig Beachtung findet. Es ist nicht nur belastend für Lehrkräfte, sondern auch für Kinder selbst.

Auch diesbezüglich wäre wichtig, moderne Schulen und Klassenzimmer akustisch zu optimieren. Es bräuchte Räume der Stille, Schallschutz und derlei Vorkehrungen. Wer einmal versucht hat, Mathematik unter einem Klassenzimmer zu unterrichten, in dem ein musikbegeisterter Kollege Rhythmik mit einem Klassensatz Djemben unterrichtet, deren wummernder

---

[5] Stressfaktor Lärm. Erziehung und Wissenschaft.05 2020

Klang auch noch 2 Stockwerke tiefer zu hören ist, oder Body-percussion treibt, bei dem die ganze Klasse rhythmisch klatscht, stampft und in die Luft springt, und das in einem alten Schulhaus auf Holzböden, weiß, was ich meine. Es genügt schon, wenn die Kollegin im Klassenzimmer über dem eigenen gerne mit ihrer Klasse Sitzkreise macht und bei dieser Gelegenheit mehrmals am Tage sämtliche Tische zusammenschieben lässt, dass man meint, die Decke falle einem auf den Kopf.

Rückzugsorte, um zur Ruhe zu finden, fehlen in der Schule. Kinder können heutzutage auch Momente des Nichtstuns nur schwer aushalten, doch Langeweile ist wichtig. Den Kindern fehlt es an Langeweile, um in sich hineinzuhorchen, sich und die Umwelt wahrzunehmen und um Kreativität zu entwickeln. Ist ein Kind mit einer Aufgabe fertig, kommt es sofort und fragt: „Was soll ich tun?"

Es gab zu meiner Kindheit im Schwarz- Weiß-Fernsehen drei Programme. Keiner wäre auf die Idee gekommen, unter Tage einen Fernseher anzumachen, und abends war Fernsehen für Kinder verboten. Wer unter Tage den Fernseher anmachte, galt als faul und als Taugenichts. Wenn man Glück hatte, durfte man vor Weihnachten in der dunklen Jahreszeit einen Kinderfilm sehen, oder am Sonntag die Sendung „Musikantenstadl" mit der Großmutter. Wir wuchsen auf ohne Bilder von Gewalt und Sex. Während der Grundschulzeit sah man allenfalls Filme wie „Michel aus Lönneberga" oder „Die Sesamstraße".

Fragt man heute in Grundschulen nach, bin ich immer entsetzt, wie viele Kinder in jungem Alter eigene Fernseher zur freien Verfügung in ihrem Zimmer haben. Die Dauerbeschallung mit Medien kann nicht gesund sein, und das ständige Ablenken mit Unterhaltung, das ein Kind hindert, sich selbst mit seiner Umwelt auseinanderzusetzen, ist für Lernprozesse und Entwicklung hinderlich. Für viele Kinder ist das Herumzappen von einem Sender zum nächsten, bei dem man nicht mehr weiß, was man überhaupt gesehen hat, selbst in den Ferien die einzige Beschäftigung, und Mütter holen schon für Kleinkinder in jeder Minute des Wartens zur Ablenkung das Handy heraus. Das ist schrecklich.

Jugendschutz ist ein wichtiges Stichwort, auch und gerade unsere Medien betreffend. Doch wer soll das kontrollieren? In Kinos ist das machbar, doch Kindern steht Netflix und Internet im häuslichen Umfeld zur Verfügung. Wer die Filme nicht selbst sehen kann, sieht sie bei Freunden. Wenn eine Lehrkraft im Morgenkreis erzählt bekommt, dass Kinder Filme konsumieren, die nicht für diese Altersgruppe geeignet sind, was dann? Das Wissen bleibt doch ohne Handlungsmöglichkeit und ohne Folgen. Dass Gesichter des Todes nicht zur Unterhaltung eines Zweitklässlers dienen sollte, der mit dem dreizehnjährigen Bruder allein Videos schaut, ist allen klar, doch was macht man dann? Welche Konsequenz ziehen wir dann?

Ich habe nicht nur einmal mit Eltern über so ein Thema das Gespräch gesucht, und es wurde schnell als übergriffig empfunden, weil sich Eltern gerügt fühlen und Erziehung als Privatsache sehen. Doch die Folgen greifen auch in Schule hinein, wenn das Kind nicht aufnahmefähig ist und auf dem Schulhof Szenen aus Horrorfilmen nachspielt.

Kaum einer macht sich Gedanken darum, was fehlende motorische Anregung am Tage mit einem Kind macht. Wir wundern uns, dass Kinder keine lesbare Handschrift mehr erlernen und viele mit der Graphomotorik Probleme haben. Zu mir kommen Eltern und argumentieren, es müsse heute keiner mehr von Hand schreiben. Das mache der Computer. Doch das ist nicht die Lösung. Es hat Folgen für die Denkprozesse, wenn ein Kind nur noch Joystick bedienen kann und Handy.[6] Viele Erstklässler tun sich bei der Einschulung schwer mit der Stifthaltung oder mit der Bedienung einer Schere. Sie können nicht mehr Schleifen binden oder Verschlüsse öffnen und schließen.

Zu meiner Schulzeit waren das Fähigkeiten, die bei der Schuleingangsuntersuchung überprüft wurden. Wer das nicht konnte, wurde zurückgestellt. Man musste Schleifen binden, sich an und ausziehen oder etwas ausschneiden können. Die Politik fördert heute eher das frühere Einschulen eines Kindes. So sitzen heute fünfjährige in den Klassenzimmern, wo zu meiner Schulzeit 6 und 7 Jahre alte Kinder saßen. Ich bestreite nicht, dass manche davon sehr fitte Kinder sind, die durch ihre Intelligenz mit den älteren mithalten. Was ist jedoch mit der sozialen Entwicklung?

Ich kann mich noch genau an meine ersten Schultage erinnern, als wäre es gestern gewesen. Man trug seinen Schultanzen, die Fibeln, Mäppchen, den Füller. Der ernste und besorgte

---

[6] Dr. Ursula Fischer, Prof. Dr. Heidrun Stöger, mit geschickten Händen besser rechnen. Die Relevanz der Feinmotorik für die Entwicklung mathematischer Fertigkeiten. begabt & exzellent. Zeitschrift für Begabtenförderung und Begabungsforschung Nr. 46, 2018/2

Blick meiner Adoptivmutter beim Abschied an der Haustür verhieß nichts Gutes, ihr war klar, dass viele Dinge mir schwer fallen würden. Wir gingen in den 70er Jahren als Schulanfänger auf eigenen Beinen durchs Dorf in die Schule, natürlich durch den recht überschaubaren Straßenverkehr.

Damals fuhren noch nicht viele Autos, die meisten Mütter hätten gar kein Fahrzeug zur Verfügung gehabt, so war es normal, dass bereits Kinder im letzten Kindergartenjahr den Weg allein und selbständig schaffen mussten. Heutzutage wäre das undenkbar, denn wenn ein Kind mit fünf Jahren für zehn Minuten ohne Begleitung eines Erwachsenen auf dem Spielplatz weilt, rufen die Nachbarn nach Jugendamt und Kinderschutzbund.

Auch zum längeren Gehen sind viele Kinder nicht mehr in der Lage, weil sie das Laufen nicht mehr gewohnt sind. Einen Weg von 300 Metern legen manche Kinder schon mit dem Bus zurück. Ich hatte als Lehrerin Kinder zu betreuen, die mir tatsächlich erklärten, sie hätten nicht zur Schule kommen können, der Bus habe nicht gehalten, die wohnten zwei Straßen von der Schule entfernt. Ich warte darauf, dass mir Erstklässler sagen, sie können den Weg vom Schultor zur Klasse nicht finden, das Handy sei leer und die Navigationsapp funktioniere nicht, es würde mich nicht wundern.

Wir hatten als Kinder Bewegung, man hatte Sauerstoff getankt und man war bei Ankunft in der Schule frisch und wach. Heute werden die Kinder im SUV zur Schule gebracht, und das Überqueren eines Schulhofs im Regen wird schon als Zumutung betrachtet. Ich habe später nicht nur einmal Müttern erklärt,

Kinder seien nicht aus Pappe, und ein Regentropfen schadet nicht. Man darf auch Wind und Regen spüren, ohne dass man davon stirbt. Für so eine Bemerkung wird man mit bösen Blicken bedacht, als würde man die Kinder misshandeln.

Heutzutage geht jeder Vorfall, wenn ein Mensch ein fremdes Kind anspricht, in Sekundenschnelle durch die sozialen Medien und die Welt scheint plötzlich voll zu sein von Kindesentführern, denn derlei Nachrichten beflügeln die Fantasie. Jedes Jahr sind es ominöse weiße Transporter, welche durch die Gegend fahren und anscheinend nach Kindern suchen, welche sie zu rauben beabsichtigen.

Ob es daran liegt, dass viele ortsfremde Transporteure weiße Transporter fahren, weiß ich nicht. Es sind vor meiner Schule jedenfalls schon öfters beinahe Väter verhaftet worden, weil sie vor dem Schultor auf ihre Kinder warteten, und womöglich ein Kind fragten „Na, ist denn die Schule schon aus oder hat die 2b noch Unterricht", woraufhin das Kind panisch vor einer erwarteten Entführung davonläuft und der Mama erzählt, ein fremder Mann habe es angesprochen, die daraufhin die Polizei ruft.

Bis die Polizei Entwarnung gab, war die Nachricht von der versuchten Kindesentführung schon durch alle WhatsApp-Gruppen gegeistert, das Telefon der Schulleitung mit nett gemeinten Hinweisen, man müsse doch die Eltern warnen, stand drei Tage nicht mehr still, und alle Facebook- Gruppen waren voll von furchtbaren Schilderungen und Szenarien, welche am Ende mit der Realität nichts mehr gemeinsam hatten. Nicht nur einmal habe ich das so erlebt.

Ich möchte das Problem nicht herunterspielen, dass es immer schon entsetzliche Vorfälle dieser Art gegeben hat und gibt. Die wirkliche Gefahr lauert laut aller Statistiken jedoch in Familien, nicht durch weiße Transporter.[7] Es ist gut, Kinder zu warnen, aber man muss sich andererseits damit zurückhalten, beim Kind Ängste zu schüren und das Bewusstsein zu schaffen, die Welt sei ein feindlicher, gefährlicher Ort, an dem jeder Fremde einem nach dem Leben trachtet. Zu einer geschützten Kindheit gehört meiner Meinung nach auch ein Gefühl der Sicherheit und des Vertrauens.

Damals wäre diese Panik in dieser Form nicht geschürt worden. Niemand hat mir eingeimpft, fremde Menschen seien eine Gefahr für Leib und Leben. Niemand hat meiner Mutter eingeimpft, sie dürfe mich nicht aus den Augen lassen. Dass man als Kind die Welt erkundet und erforscht, natürlich in einem eng gesteckten Rahmen, der bei uns die Dorfgrenze war, war eine Normalität. Die Welt war noch einigermaßen in Ordnung. Nicht, dass es nicht Übergriffe gegeben hätte- das möchte ich nicht damit sagen, doch ernsthafte Übergriffe waren dann in der Bildzeitung beschrieben und sie passierten sehr selten, und in unserem Dorf meines Wissens nie.

In meiner Kinderzeit schickten die Mütter ihre Kinder an die frische Luft und sagten „Geh spielen", was so viel hieß wie: Man trieb sich auf Rollschuhen im Dorf herum und traf sich mit anderen Kindern, die dasselbe taten, stromerte mit Hunden durch die Felder und beobachtete die Weidetiere.

---

[7] Michael Geiss / Veronika Magyar-Haas (Hrsg.): Zum Schweigen. Macht / Ohnmacht in Erziehung und Bildung. Weilerswist: Velbrück Wissenschaft 2015

Mein Spielplatz waren Schäfereien und Bauernhöfe. Um 5 Uhr musste man zum Abendbrot wieder zu Hause sein, also blieb man in der Nähe des Kirchturms, auf dem die Uhrzeit zu sehen war. Handys gab es nicht, und eine Armbanduhr hatte ich auch erst, als ich in die weiterführende Schule kam. Im Dorf passte jeder auf jeden auf, man kannte sich, und jeder wusste, wo welches Kind hingehörte.

Heute geraten Mütter in Panik, wenn das Kind nicht überall erreichbar ist. Was sollte denn in der Schule passieren? Wozu braucht das Kind Ortungssysteme und eine Apple Watch, ein Handy zu Einschulung, wenn wir in der Schule jederzeit bei Bedarf telefonieren können? Ist es nicht auch wichtig für die Selbstständigkeit, dass Mütter ihre Kinder loslassen können? Manchmal glaube ich, die Technik ist zur Nabelschnur geworden, zur Verbindung zwischen Mutter und Kind, aber auch zur totalen Überwachung.

„Du tust was deine Lehrerin sagt", war zu meiner Zeit die wichtigste Anweisung, und zwischen den anderen nicht aufzufallen das Ziel. Solange Noten sich im Durchschnitt befanden, war alles gut. Dieser Meinung war mein Adoptivvater, denn nicht aufzufallen war zu seiner Kindheit im zweiten Weltkrieg überlebenswichtig, und sich anzulegen mit einer Obrigkeit war im vollkommen fremd. Er selbst hatte zudem die Erfahrung gemacht, dass man in der Schule geschlagen wurde, wenn man nicht aufpasste.

Es wurde nicht angezweifelt und durfte nicht angezweifelt werden, was die Lehrerin sagte. Lehrer haben Recht. Das war als eine unerschütterliche Tatsache hingenommen. Lehrer waren Autoritätspersonen. Lehrer, Bürgermeister und Pfarrer waren die wichtigen Instanzen im Ort, deren Urteil einem Gerichtsurteil gleichkam.

Wenn ein Lehrer sagte, das Kind sei ein Hilfsschüler, dann war das so. Man war geknickt, schickte das Kind zur Hilfsschule, und es gab keine Diskussion. Niemals hätten man in Frage gestellt was ein Lehrer tat oder sagte. „Der Lehrer sitzt am längeren Hebel, " war der übliche Spruch, wenn man sich über irgendetwas beklagte.

Meine Lehrerin, das Fräulein Herrmanns, war eine freundliche Lehrkraft, die nie handgreiflich wurde. Sie war noch jung, als ich zu ihr in die Schule ging, und sie lehrte viele Jahrzehnte lang nach mir mit exakt denselben Methoden dieselben Inhalte. Sie trug immer dieselbe Frisur, einen dunklen und später in Würde ergrauten Bob mit kurzem Pony, eine Hornbrille und ein Kostüm mit einer Goldkette. An der Hand trug sie einen Ring, obwohl jeder wusste, dass sie nicht verheiratet war.

Man saß in festen Bankreihen, es gab Frontalunterricht, alle Kinder taten dasselbe zur gleichen Zeit. Für Fehler wurde man gerügt, Sprechen war verboten, man durfte nur antworten, wenn man gefragt und aufgerufen wurde. Hielt man sich nicht an die Regeln, musste man in der Ecke stehen oder nachsitzen. In meiner Zeit waren Strafen noch vollkommen normal. Man schrieb Strafarbeiten, oft seitenlange Abschreibtexte. Hätte man die nicht gemacht, wären Eltern, zumeist Väter, zur Schule zitiert worden, und diese hätten dann die Prügelstrafe übernommen.

Alle übten Lesen und Schreiben mit „Uli dem Fehlerteufel",
einem Büchlein, das ich sehr gerne hatte. Man schrieb Diktate,
man nähte Turnsäckchen mit Kreuzstich und Schlingstich, die
Jungen wie Mädchen mussten sticken, Knöpfe annähen und hä-
keln.

Man tanzte jedes Jahr beim Kinderfest zum Lied Bingo, ab-
gespielt von der vollkommen ausgeleierten Kassette eines Re-
korders. Es war jährlich derselbe Tanz, die Mädchen im Dirndl
und die Jungen in kurzen Hosen. Als ich zwanzig Jahre später
nochmal die Schule besuchte, war alles noch beim Alten. Die
Kinder übten „BINGO", es hingen dieselben Turnsäcken an Ha-
ken der Tischchen.

Man hätte doch zumindest die Themen des Kunstunterrichts
einmal wechseln können, dachte ich mir, denn es hingen jahrzehntelang dieselben Werke im Flur, wie zu meiner Schulzeit.
Die Zeit war auf seltsame Weise stehengeblieben.

Veränderungen schreiten im System Schule nur langsam voran. Uli den Fehlerteufel gibt es nicht mehr. Die Kinder lernen
aus neuen Lehrwerken. Doch die Methoden sind dieselben. Was
sich geändert hat, sind die Zeiten, in denen ein Kind stillsitzen
soll. Ich hatte in der ersten Klasse meist nur 4 Stunden täglich
Unterricht, heute dauert ein Schultag für das Kind länger als der
Arbeitstag für einen Erwachsenen, und mancher Schüler sitzt
am Tage länger als 10 Stunden.

Wenn ein Kind das Stillsitzen nicht kann, wird es mit Medi-
kamenten dazu gebracht. ADHS gilt als die häufigste

psychiatrische Störung im Kindes- und Jugendalter.[8] Keiner fragt sich, warum die Zahlen steigen. Pädagogen scheuen sich nicht, Eltern Handreichungen herauszugeben, wie man mit dem Kind das Stillsitzen übt. Ich habe beinahe den Eindruck, wenn das Kind nicht ins System passt, wenn es nicht leisten kann, was das System fordert, wird es zurechtgebogen. Es passt sich nicht das System an das Kind an.

Ich wünschte mir, dass kreative und fachkundige Architekten Schulen neu planen und gestalten. Wir brauchen, wenn wir Schule als ganztägigen Lebensraum für unsere Kinder denken, vollkommen neue Räumlichkeiten, die auch eine Änderung des Systems ermöglichen.

Wir brauchen Schulgebäude, die vielfältige Sitz- und Bewegungsmöglichkeiten bieten. Wir brauchen Kletterwände, Bauecken. Wir brauchen Ruheräume. Wir benötigen Sitzbälle, Lernwaben und Klassenzimmer, die Rückzug und soziale Lernformen möglich machen. Wir brauchen genug Platz, um Kindern Orte zur Verfügung zu stellen, an denen sie ihren Bewegungsbedarf decken können.

Wir brauchen keine Schulhöfe aus Beton, sondern strukturierte Naturflächen. Kinder sollen lernen, wie Lebensmittel angebaut werden, wie Pflanzen hierfür kultiviert werden und wie Speisen zubereitet werden. Wir brauchen Lernmöglichkeiten in der Natur und Bewegungsanreize im Freien. Es kann nicht sein, dass wir Grundschulen betreiben, die nicht einen einzigen größeren Raum für Bewegung zur Verfügung haben.

---

[8] Schlack R et al., Bundesgesundheitsblatt, 2007, 50:827-835.

Warum ist Schularchitektur in ihren alten Formen so phantasielos zementiert? Weil Entscheidungsträger auf das zurückgreifen, was sie kennen, könnte ein Grund sein. Wie sollen Kinder soziales Miteinander und Austausch lernen in einem Klassenraum, in dem sie sich gegenseitig nicht sehen können, weil sie mit dem Rücken zueinander sitzen?

Schulhöfe ohne jede Strukturierung führen so oft zu Interessenskonflikten, die in Prügeleien münden. Ich muss leider sagen, dass es während meiner Zeit an der Grundschule kaum einen Tag ohne Prügeleien auf Schulhöfen gegeben hat. Eigentlich hätten wir die Verbandskästen gleich ausgepackt im Lehrerzimmer liegen lassen können. Woran lag das? Es ist einfach zu beantworten. Die Kinder hatten eine große, betonierte Fläche. Alle Kinder machten gleichzeitig Pause. Viele Jungen wollten Fußball spielen, doch betonierte Asphalt und Fußball sind keine optimalen Kombinationen.

Die Konflikte traten auf, weil Schüler sich um die Flächen stritten, und um die Bälle. Dann gab es Kinder, die wollten nicht spielen, wurden aber umgerannt. Auch Lehrer wurden umgerannt. Die Enge tat noch einen Beitrag hinzu. Erholsam waren diese Pausen für niemand. Es wurde geschrien, gebrüllt. Der Lärm war kaum auszuhalten. Und aus dieser Energie heraus hatten die Kinder dann auf Knopfdruck wieder still zu sitzen.

Kinder wollen klettern, rennen, aber zwischendurch auch ruhig irgendwo reden. Sie wollen herumliegen. Sie wollen ihre Positionen wechseln. Sie wollen auf dem Boden lernen oder an einem Stehpult. Sie wollen mal allein, mal in einer Gruppe etwas tun.

Und sie haben keine Konzentrationsspanne von 45 Minuten, in der sie reglos auf dem Stuhl sitzen und sich einer Sache widmen können.[9] Obwohl Lernpsychologen diese Fakten lange wissen und auch kommunizieren, haben Schulen ihre Unterrichtskonzepte dahingehend wenig angepasst.

Grundschulen, die nach Maria Montessori arbeiten, und auch zur Achtsamkeit und sozialen Miteinander erziehen, haben bei diesen Punkten deutliche Vorteile, aber auch bezüglich des selbst gestaltenden Lernens, was vielen Kindern mit ADHS, aber natürlich auch den nicht davon betroffenen Kindern zugutekommt.[10]

Ich selbst war nie eine gute Schülerin, und jedes Strebertum lag mir fern. In der Grundschule vergaß ich alles, was ich hätte tun sollen. Ich vergaß die Hausaufgaben. Ich vergaß meine Mütze. Ich vergaß, was ich hätte lesen sollen. Ich träumte vor mich hin. Das war auch der Grund, warum meine Lehrerin mich nicht beachtete. Ich fühlte mich unwohl, die Kinder waren mir zu laut, die Pausen ein Gräuel. Die anderen Mädchen turnten Übungen an Turnstangen, die ich nicht ausführen konnte.

Doch ich war im Unterricht ein stilles Kind, das nicht störte, was mir wenig Ärger einbrachte, aber auch wenig Ruhm. Man übersah mich einfach. Meine Adoptivmutter ärgerte sich, denn

[9] Klimazone Klassenzimmer. Danie Beaulieu. Donauwörth 2023

[10] Die Montessori- Grundschule- in Theorie und Praxis. Barbara Stein. Freiburg 2012

man ging davon aus, dass ich wahrscheinlich einfach dumm war. Formen von Autismus wurden damals nicht erkannt.

Ich wurde oft von anderen geärgert, und wusste mich nicht zu wehren, besonders auf dem Schulweg. Die Jungen lauerten mir an einer Holzbrücke, die über die Bahngleise führte, auf, rissen meine Mütze oder was sie zu fassen bekamen vom Leib und warfen sie vor den Zug. Die Bahngleise zu betreten war uns Kindern strengstens verboten, also waren die Sachen verloren. Meine Mutter wies mich an, böse Jungen zu treten, und kaufte mir zum Zwecke der besseren Wehrhaftigkeit Holzschuhe, sie rüstete mich sozusagen auf. „Frieda, du musst dich wehren. Wenn dich jemand ärgert, musst du einfach feste zutreten." Das tat ich dann auch.

Der Sportunterricht machte mir am meisten Angst, ich sah nicht räumlich, konnte keinen Ball fangen, nicht schnell laufen und konnte über keinen Bock springen. Ich fühlte mich, als konnte ich gar nichts und das ließ man mich deutlich spüren. Wenn die Kinder Mannschaften wählten, blieb ich immer übrig, und man duldete nur mit Murren, wenn die Lehrerin mich einer Mannschaft zuteilte.

Mein Adoptivvater erklärte mir, ich sei eben unsportlich. Ich fühlte mich gedemütigt. Andere bekamen eine Urkunde nach den Bundesjugendspielen, ich konnte mich anstrengen, so sehr ich auch wollte, ich bekam nichts. Zum Glück bestand der Unterricht nicht nur aus Sport. Ich möchte im Grunde den Zweck unseres Sportunterrichts an Schulen in Frage stellen. Geht es darum, Schüler durch Spiel und Spaß zu besserer Geschicklichkeit zu bringen? Geht es um Bewegung, um die Gesundheit zu erhalten und soziales Miteinander zu fördern? Was haben Dinge wie Bockspringen dort zu suchen? Welches Kind macht das gerne? Weshalb holen wir nicht Vereine in den Nachmittagsbereich, die Sportarten in Schulen anbieten können und lassen die Schüler frei wählen? Wozu brauchen wir Noten in Sport?

Fehler wurden in meiner Schulzeit nicht als Hauptquelle des Lernens gesehen, sondern man hatte sich zu schämen. Das schlimmste war, dass Noten vor der Klasse vorgelesen wurden, so dass sie jeder hören konnte. Für Fehler bekam man schlechte Noten, und zu Hause dann noch eine Ohrfeige dazu- oder zumindest eine Ansprache, was für eine Enttäuschung man doch sei, man habe sich nicht genug angestrengt, sei faul gewesen. „Ohne Fleiß kein Preis" war das übliche Votum. Andersherum galt das genauso. Es war schlichtweg eigene Schuld, wenn man versagte.

Man wurde ständig mit den anderen verglichen und danach bewertet, wie viele Schülerinnen noch besser oder noch schlechter waren als man selbst. Solange man sich im guten Mittelfeld bewegte, war alles in Ordnung. Das oberste Ziel schien zu sein: Falle nicht auf, dann ist alles gut. Doch was macht das mit dem Selbstvertrauen eines Kindes? Wie wirkt sich so eine Pädagogik auf das Selbstwertgefühl eines Menschen aus? Wodurch wird dieser definiert?

Das Thema Noten ist ein Dauerbrenner an allen Schulen. Anscheinend sind sie unverzichtbar. Doch wie gerecht können Benotungen sein? Sie sind laut vieler Studien nur scheinbar objektiv. Es gibt so viele Untersuchungen darüber, wie die

Erwartungshaltung der Lehrkraft durch soziale Unterschiede der Kinder die Notengebung verändert.

Noten drücken den Schülern einen Stempel auf. Häufig entmutigen sie Schüler. Sie helfen bei einer Selektion, derweil soll doch gerade laut moderner Pädagogik, die auf Chancengleichheit besteht, Selektion so lange wie möglich vermieden werden. Es gibt jedoch Möglichkeiten die Benotung anders zu gestalten, [11] doch bis sich Schulen loslösen von festgefahrenen Gewohnheiten, wird es noch einige Zeit dauern.

Man hat leider in Deutschland die Idee der Gesamtschule nicht konsequent durchdacht und stattdessen das Gymnasium als Eliteschule bestehen lassen. Wer in den Genuss dieser Eliteschule kommt, muss natürlich durch die Benotung selektiert worden sein. Im Grunde ist es so, dass Privilegierte damit ihre Herrschaft wahren und ihre heile Welt nicht aufgeben wollen. Viele fordern Inklusion und Gesamtschulen, schicken ihre Kinder dennoch auf ein Gymnasium oder noch besser an eine Privatschule, um sie vor den Problemen mit Menschen aus sozialen Brennpunkten zu schützen. So zementiert man soziale Unterschiede.

Es ist bei vielen Themen in unserem Land nicht anders: Wir schimpfen über Länder, die Tiere ausrotten. Wölfe wollen wir aber nicht in unseren Wäldern haben. Wir wollen Windkraft, aber bitte nicht vor unserer Haustür. Wir wollen Menschen in unser Land aufnehmen, aber sie sollen bitte nicht in unserer

---

[11] Eine Schule ohne Noten. Neue Wege zum Umgang mit Lernen und Leistung" Björn Nölte und Philippe Wampfler, hep Verlag (2021)

Nachbarschaft wohnen. Und wir wollen Inklusion und Gesamtschulen, aber für unser Kind doch nicht. Es ist ein Paradoxon.

Wie aussagekräftig Noten sind, erlebte ich am eigenen Leib. In der vierten Klasse durften wir Großen zum Schulrektor in den Unterricht. Dort musste ich dem Rektor vorsingen. Wir hatten ein Lied auswendig zu lernen, „Die Gedanken sind frei", alle vier Strophen. Der Rektor begleitete am Klavier, man musste vortreten. „Frieda, sing." Ich war so furchtbar aufgeregt und versuchte mehrmals anzufangen, doch die Stimme versagte. In der Aufregung vergaß ich den Text. Es hieß, setzen, 6. Die Peinlichkeit blieb mir bis heute in Erinnerung, und ich singe noch heute nicht gerne vor Menschen.

Wenn ich ehrlich bin, erinnere ich mich an kein einziges Lob mehr, doch an alle Strafen, als wäre es gestern gewesen. Einmal musste ich nachsitzen. Rollschuh fahren auf dem gebohnerten Flur gab eine Stunde Müll sammeln beim Hausmeister nach der Schule. Fiel es der Mutter auf, gab es noch eine Ohrfeige obendrauf, als sagte man möglichst nichts zu Hause, wenn man zu spät kam.

Ich wurde zu Hause nicht verprügelt, aber ein Klaps gehörte zum normalen Erziehungsmittel. Bei meinen Mitschülern aus der Landwirtschaft fiel der Klaps schon mal kernig aus. Die Bauern, die täglich unter Zeitdruck Rinder durch die Gegend trieben, hatten bei aller Liebe zu uns Kindern wenig Zeit und Lust für Diskussionen.

Es wurden Regeln aufgestellt, und wer grob danebenlag, nahm die Strafe in Kauf, die man meist als gerechte Folge des

Missverhaltens empfand. Man wusste um die Regeln und kam damit klar. Bei Tieren zählt Konsequenz, und in der Kindererziehung machte man es nicht anders. Im Umgang mit Tieren konnte das „nicht hören wollen" auf Erwachsene auch tödlich enden. Man hatte Sorgfalt zu wahren, Türen und Riegel ordentlich zu schließen, damit das Vieh nicht davonlief.

Kinder hatten sich verantwortlich zu verhalten. Kinder hatten Pflichten. Wir brachten zum Beispiel täglich die Milch zur Molkerei oder fütterten Kälber. Es wurde nicht gefragt, würdest du, es hieß „Frieda und Emily, ihr bringt die Milch weg." Das tat man ohne Umschweife. „Ja, machen wir," und man rannte. Dass Tiere gefüttert werden müssen, ist in der Landwirtschaft kein Wunschkonzert, kein „ich mach irgendwann, habe keine Lust, vielleicht später."

Wir hatten trotzdem viel Spaß, wurden oft in die Arbeit eingebunden und waren stolz, helfen zu dürfen und gebraucht zu werden. Man war stolz, wenn man Traktor fahren durfte, und das tat man schon sehr früh. Ein Zwölfjähriger, Traktor fahrend auf der Dorfstraße, war nun gar nichts ungewöhnliches, und sobald man mit den Füßen an die Pedale kam, durfte man auf dem Acker fahren.

Heutzutage scheint es vielen Sechzehnjährigen eine unerhörte Zumutung darzustellen, alltägliche Pflichten zu übernehmen, wie beispielsweise eine Spülmaschine auszuräumen oder Wäsche in einem Wäschekorb zu sammeln. Völliges Chaos wird bei Jugendlichen als normal hingenommen. Es ist mir ein Rätsel. Die persönliche Reife scheint viele Jahre später einzusetzen. Man wächst an Anforderungen, und die gibt es an Kinder und Jugendliche in der Form nicht mehr.

So kam ich jedenfalls durch die Grundschulzeit und auch durch die meiste Zeit des Gymnasiums. Man kam um Ein Uhr von der Schule, die Mütter hatten gekocht, man aß zu Mittag, fertigte schnell die Hausaufgaben, damit man zu den anderen Kindern zum Spielen gehen konnte und um den Rest des Tages draußen zu verbringen.

Auch die Disziplinarmaßnahmen in den Schulen waren deutlich andere als heute. Ein Mitschüler aus der Klasse 4 wurde meinerzeit einmal beim Anzünden einer Zigarette auf dem Schulhof erwischt. Der Rektor rief alle Kinder auf dem Schulhof zusammen und besagter Schüler musste die Zigarette vor allen anderen zu Ende rauchen. Ihm wurde schlecht, er erbrach, das war für die anderen eine Lehre, Zigaretten zu vermeiden.

Keiner wäre auf die Idee gekommen, diesen Rektor wegen Kindesmisshandlung und Körperverletzung anzuzeigen. Es war schließlich der Herr Rektor, ein geachteter Pädagoge, und der musste wissen was er tat.

Auch als ich auf einem Schulausflug den Arm brach und drei Stunden verletzt wandern musste mit den Worten, stell dich nicht so an, du kannst die Hand bewegen, da ist nichts, wurde das Verhalten der Lehrerin nicht in Frage gestellt. Es war schließlich die Frau Lehrerin. Lehrer saßen damals definitiv am längeren Hebel. Natürlich wurde am Abend, wenn ein Kind im Bett war, über solche Vorkommnisse geschimpft, aber man hätte das weder vor dem Kind noch öffentlich getan.

Weil ich keine herausragend gute Schülerin war, sollte ich nicht auf ein Gymnasium, doch ich wollte zum Gymnasium in den Nachbarort. Meinem wochenlangen Protest wurde stattgegeben, also radelte ich die nächsten Jahre bei Wind und Wetter dort hin. Ich war wissbegierig. Ich las gern Goethe und Nietzsche. Ich mochte Mozart und Beethoven. Doch das war nicht unbedingt gefragt. Das Gymnasium führte mit denselben Methoden fort, was die Grundschule begonnen hatte: Es wurden Diktate geschrieben, es gab Frontalunterricht, und die vorgeschriebenen Inhalte hatten gelernt zu werden, ob sie einem gefielen oder nicht.

Noch heute kann ich lateinische Konjugationen, obwohl ich, das muss ich gestehen, wenigen Römern begegnet bin und in Italien, wenn mir der Auspuff am Auto abfällt, Lateinisch bei der Kommunikation mit der Autowerkstatt auch nichts nützt. Bei einer Begrüßung mit „Salve" ernte ich höchstens amüsierte Blicke.

Man hatte an der weiterführenden Schule in jedem Fach einen anderen Lehrer, sollte still sitzenbleiben, zuhören und mitschreiben. Ich kann mich nicht erinnern, dass es einmal eine Gruppenarbeit gegeben hätte. Man musste auswendig lernen, was der Lehrer an Stoff zu vermitteln versuchte. Besonders Erdkunde war furchtbar öde, und auch Geschichte konnte ich nichts abgewinnen. Lernen in unterschiedlichen Sozialformen gab es nicht.

Meine Englischlehrerin mochte ich gar nicht. Sie sprach so geziert vor, was wir nachzusprechen hatten. Sie wusste nach 4

Wochen, dass ich nicht sprachbegabt war und in Englisch nie gut sein würde. Meine Adoptivmutter hielt mir das noch vor, als ich später Englisch Leistungskurs wählte. „Wie kannst du das Fach wählen, die Frau Maier hat immer gesagt, du wärst nicht begabt."

Ich hatte immer eine 5 in Sport und eine 2 in Kunst, manche Dinge änderten sich nie. Hatten Lehrer einen einmal eingeschätzt, blieb es bei dieser Einschätzung. Eigentlich hätten sie die Noten von Klasse 5 an bis zum Abitur einfach übertragen können. Später, im Studium, lernten wir, was die Erwartungshaltung bei der Leistungsbeurteilung ausmacht.

Lernen war damals definiert als Prozess, der dazu führt vom Lehrer vorgegebene Inhalte möglichst getreu wiedergeben zu können. Ein guter Schüler war, wem das bei großer Menge an Inhalten gelang.

Hat sich das heute geändert? Oder benötigt die Gesellschaft nicht eigentlich exemplarisches Lernen, die Befähigung der Schüler, sich selbst Inhalte anzueignen, Zusammenhänge zu erschließen? Müssten wir nicht kreatives Lernen fördern? Wie denken wir uns Lernen und gestalten Lernprozesse?

Es gibt keinen Zweifel daran, dass sich besonders an Gymnasien wenig geändert hat. Lehrpläne werden kaum inhaltlich verändert, Fächer werden nach wie vor im 45 Minutentakt unterrichtet. Kann ein Schüler in diesem System auf Knopfdruck kreativ denken? Manchmal bin ich entsetzt, was meine Tochter in sich hineinpauken muss.

Waldorfschulen haben zu diesem Zweck Epochenunterricht.[12] Es wären durchaus andere Lernorganisationen denkbar, welche staatliche Schulen von Privatschulen übernehmen könnten, wenn sie sich dort bewährt haben.[13] Auch Projektunterricht haben wir an unseren Schulen viel zu selten. Hierbei können Kinder die Lernprozesse aktiv mitgestalten und wir erleben die Kinder auf eine neue Weise.

Lehrer am Gymnasium hatten zu meiner Zeit schon sehr unterschiedliche Personalstile. Freilich war es der Tatsache geschuldet, dass die Prügelstrafe zwar abgeschafft, aber aus den Reflexen der älteren Lehrerschaft noch nicht gänzlich getilgt war. Auch ich kam noch in den zweifelhaften Genuss, die Ohren lang gezogen zu bekommen. Manchmal zwirbelten Lehrer auch an den Haaren.

Es gab Lehrer, die Anzüge trugen und Ohrfeigen verpassten, und moderne Lehrer, die Jeans trugen und Schüler und Schülerinnen freundschaftlich nach Hause einluden. Einer der coolen Lehrer hatte im Wohnzimmer ein Ölgemälde von sich in Ritterrüstung hängen. Dieser war einer der beliebtesten Lehrer. Er unterrichtete uns in Englisch und Biologie.

---

[12] Kamm, H. (Hrsg.) (2000). Epochenunterricht: Grundlagen – Modelle – Praxisberichte. Bad Heilbrunn: Klinkhardt. (Stangl, 2024).

[13] Das ist die Waldorfschule!: Sieben Kernpunkte einer lebendigen Pädagogik. Wolfgang Held. Stuttgart 2019

Mit Begeisterung berichtete er uns von seiner Teilnahme an Aktionen der Umweltorganisation Greenpeace, wie er mit Schiffen auf See war und Robben bemalt hatte, um sie zu schützen und das fand ich großartig und bewundernswert. Leider verließ er die Schule nach einem Jahr, um in Griechenland Oliven zu züchten. Das System Schule war ihm wohl damals schon suspekt.

Die unterschiedlichen Erziehungsstile erlebten wir auch in unserer Freizeit. Ich wollte das Klavierspiel erlernen. Mein Adoptivvater schickte mich zu einer Klavierlehrerin, die siebzig Lenze schon längst überschritten hatte und bei der er vierzig Jahre zuvor schon Unterricht genossen hatte. Sie stand mit dem Bambusrohr hinter mir und kommandierte. Bei jedem falschen Ton oder bei jedem falschen Fingersatz schlug sie mich mit dem Stock auf die Finger. „Das ist halt so. Sie ist die Lehrerin," sagte mein Adoptivvater, wenn ich mich beklagte.

Sie buk häufig, wenn ich nach der Schule zu ihr kam, Pfannkuchen, und das ist bis heute meine Leibspeise. Ich hatte schrecklich Hunger, nach 6 Stunden Schulunterricht, mir knurrte hörbar der Magen, doch ich bekam nie einen. Es war eine Folter. Diese Erinnerungen schwirren mir durch den Kopf, wenn ich an sie denke. Ich weiß noch, wie es roch, in ihrem Musikzimmer, wenn ich vor ihrem Flügel saß. Es roch nach Teppich, nach Pfannkuchen und nach ihrem 47/11 Parfum, das damals viele alte Damen auflegten.

Ihrer hässlichen Unterrichtsmethoden war ich bald überdrüssig. Irgendwann schrie ich sie wütend an „ich komme nie wieder", als sie mich wieder bestrafte, weil ich Schumanns

„Fröhlicher Landmann" nicht ausgiebig genug geübt hatte und mit ihrem vorgegebenen Fingersatz einfach nicht spielen konnte. Lob war für sie nicht nur ein Fremdwort, auch Erklärungen fand sie überflüssig und sie schien selbst wenig Freude am Unterrichten zu haben, denn sie lächelte nie und kniff die dünnen Lippen immer nur missmutig zusammen, dass sich um den Mund tiefe Falten bildeten. Als Kind wurde man auch nicht gefragt, welches Stück man üben wollte oder was man schön fand. Czerny- Etüden wurden gespielt, eine nach der anderen.

Natürlich ist der Instrumentalunterricht auch methodisch und didaktisch mit dem heutigen nicht vergleichbar. Doch auch die Ziele sind neu formuliert. Heute kommen Eltern und fordern von mir im Musikunterricht ausschließlich Entspannung für ihr Kind. Es soll Freude machen, doch keineswegs anstrengend sein. Ich stelle mir jetzt vor, man geht zum Fußball, und erklärt dem Trainer, der Sport solle nur zum Zwecke der Entspannung ausgeführt werden, Druck sei schädlich und könne dem Sprössling nicht zugemutete werden. Man würde ausgelacht.

Natürlich gilt auch in der Musik, ohne Anstrengung und Übung ist kein Weiterkommen. Die Freude besteht mitunter darin, gesteckte Ziele zu erreichen, sich durch Anstrengung etwas zu erarbeiten und die Früchte dieser Anstrengung zu ernten. Man erlebt beim Musizieren, wie man besser wird, wie es sich lohnt zu üben, wie man Fortschritt erzielen kann.

Auch Spitzenleute wie David Garrett betonen immer wieder, ohne Schufterei und Druck habe er niemals diesen Leistungsstand erreicht, der hart erarbeitet wurde. Man könnte heute bei vielen Talentshows meinen, musikalisches Talent könne einem in den Schoß fallen. Ohne Talent geht es nicht, doch ohne Arbeit und Anstrengung kann Talent nicht genutzt werden. Die Erwartungshaltung, man könne einfach so eine Karriere starten, ist von Grund auf falsch.

Kinder profitieren durch Musik. Sie lernen, sich Dinge zu erarbeiten: Man schult Selbstwahrnehmung und Motorik, Aufmerksamkeit und Mathematisches Denken. Man erlernt Disziplin und soziales Miteinander. Es fördert die Konzentrationsfähigkeit. Musik löst Endorphine aus, beruhigt, lindert Anspannung und Schmerzen. Musik kann therapeutisch wirken. Musik kann unfassbar viel, aber man muss sich darauf einlassen und sich damit auseinandersetzen. Und an einem Punkt bin ich mir sicher: Musik wird maßlos unterschätzt.

Als ich im Dorf zum Konfirmandenunterricht angemeldet worden war, besorgte mir der Pfarrer einen anderen Instrumentallehrer. Der Pfarrer mochte mich, denn ich spielte für ihn die Lieder am Harmonium. Ich trampelte also jede Woche auf dem pfeifenden Balg des alten muffigen Instruments im alten Schulhaus des Dorfes. Der Pfarrer sah die Chance, mich als junge Organistin zu gewinnen für die Sonntagskirche, und sorgte dafür, dass ich herausragend guten Unterricht bekam. Ich mochte diesen Pfarrer, auch wenn er plappernden Konfirmanden seinen schweren Schlüsselbund mit riesigen Kirchenschlüsseln dran an den Kopf warf, wenn man nicht still zuhörte, was ihm aber auch keiner übelnahm.

Der Pfarrer kam auch auf die großartige Idee, Jugendlichen im Dorf Räumlichkeiten für Selbstentfaltung zur Verfügung zu stellen, im Grunde das, was man heute offene Jugendarbeit nennt. Wir durften die Räume selbst gestalten, es war großartig. Leider trafen seine Ideen im Dorf bei Erwachsenen nicht so auf Zustimmung, sie fürchteten um die sittliche Verrohung der Jugend, und er verließ später alkoholkrank die Gemeinde. Er hatte Kriegsdienstverweigerer betreut, und das kam nicht gut an. Im Dorf waren das „Taugenichtse, die ihre Pflicht nicht tun wollen".

Immer öfter traf man ihn bei der Seelsorge der Obdachlosen in der Bahnhofskneipe, und als man ihn von dort zum Gottesdienst abholen musste, war ein Bogen überspannt. Man entschied, es sei besser, er suche sich einen neuen Wirkungskreis. Für die Alten war die Veränderung mehr als willkommen, erhofften sie sich im Ort wieder Zucht und Ordnung, denn offene Jugendarbeit war ihnen ein Dorn im Auge. Für die Dorfjugend war es ein großer Verlust, denn er nahm Kinder und Jugendliche ernst und kümmerte sich um deren Wohl. Uns zuzuhören war sein größtes Geschenk, das er uns machen konnte.

Mein neuer Klavier- und Orgellehrer war jung, trug lange Haare und einen Bart, wie ein Hippie. Er trug mir auf, täglich zwei Stunden Übung an der Orgel, zwei Stunden Übung am Klavier zu absolvieren. Ich übte besessen und verbesserte meine Technik, begann als Organistin nebenbei zu arbeiten und mein erstes Geld zu verdienen. Ich spielte bald bei Hochzeiten, Beerdigungen und bei den Sonntagsgottesdiensten. In der Kirche bekam ich Lob und Bestätigung.

„Frieda, Willst du nicht Musik studieren, du kannst doch sonst nichts?" fragte er. Für die Musikhochschule reichte mein Ehrgeiz nicht, so landete ich an der pädagogischen Hochschule.

Man musste eine schwere Aufnahmeprüfung bestehen, seine Künste am Instrument zeigen, vorsingen, sich in Gehörbildung prüfen lassen, Intervalle erkennen- doch ich war gut vorbereitet. Für mich war es leicht, dort einen Studienplatz zu bekommen. Während die ersten Töne in der Aufnahmeprüfung erklangen, nickten die Professoren zustimmend und ich bekam den begehrten Studienplatz. Im Grunde war mein Instrumentallehrer schuld, dass ich Lehrerin geworden bin.

Eine Alternative gab es im Grunde nicht, oder besser gesagt, ich sah sie nicht. An der Pädagogischen Hochschule zu studieren, hieß zweifelsohne vorbereitet zu werden auf eine Karriere als Lehrerin, doch das war vollkommen zweitrangig für mich. Ohne nachzudenken über mein späteres Berufsfeld landete ich im Musikstudium, das so spannende Fächer wie Orchesterleitung und Musikgeschichte bereithielt und schrieb mich zusätzlich ein für die Fächer Theologie und Deutsch ein. Ich liebte die Theologie und Literatur.

Dass man dabei Lehrerin wird, das nahm ich in Kauf. Man studierte aus Interesse am Fach, und der Abschluss war noch so weit weg, dass man jeden Gedanken daran beiseiteschob, ob man in diesem Beruf tatsächlich glücklich würde. Es war naiv, keine Frage, doch war man jung und unbedarft. Wer denkt schon mit zwanzig Jahren an die Konsequenzen seiner Studienwahl? Man sieht eine Chance und ergreift sie. Ich war immer sehr spontan.

Wenn mich jemand gefragt hätte, möchtest du Lehrerin werden, hätte ich ohne Umschweife vollkommen naiv geantwortet: „Nein, ich studiere Musik." Es war nicht die Entscheidung, mit

Kindern arbeiten zu wollen oder junge Menschen ins Leben zu führen, wie man so schön sagte. Ich wollte lernen, studieren, das war meine Intention. So erging es auch vielen, die Kunst studierten oder irgendein anderes Fach, für das sie an der Universität nicht genommen wurden, oder der Numerus Clausus nicht ausreichte.

Mancher studierte an der Pädagogischen Hochschule, weil man mit dem geliebten Fach, beispielsweise Philosophie, wenig Alternativen in der freien Wirtschaft sah und im Lehrberuf immerhin ein Auskommen möglich war. Oder man startete, weil man an der Universität keinen Studienplatz bekam, und nutzte die PH als Sprungbrett. Ob man von dort tatsächlich absprang, war eine andere Frage. Die Pädagogische Hochschule war eine gute Alternative, um einen Schritt weiterzukommen, zumindest in eine bestimmte Richtung.

Die wirklichen Pädagogen, die mit voller Überzeugung diesen Beruf wählten, gab es auch, aber ich behaupte, dass viele sich nicht im Klaren waren, was auf sie zukam, und im Rückblick eine andere Wahl getroffen hätten.

War es demnach die falsche Entscheidung? Ich glaube nicht. Ich empfinde immer ehrliche Freude, wenn ich als Lehrerin mit Kindern musiziere, ihnen zu öffentlichen Auftritten oder durch Musik zu mehr Selbstbewusstsein verhelfen kann. Ich freue mich heute noch über jeden Moment, in dem ich Menschen mit meiner Musik ein wenig Stress und Angst nehmen und Entspannung schenken kann. Es ist wunderbar, mit Musikgruppen zu arbeiten und plötzliche Harmonie im gemeinsamen Tun zu erleben. Diesbezüglich bereue ich nichts.

Was hätten wir gebraucht? Was wäre hilfreich gewesen?

> ➢ *Veränderte Kindheit in Schule wahrnehmen*
> ➢ *Schulgebäude als Lebensraum gestalten*
> ➢ *Bedürfnisse der Kinder beachten*
> ➢ *Örtliche Möglichkeiten für Sport und Freizeit an die Schulen holen und einbinden*
> ➢ *Mehr Förderung und Wertschätzung kindlicher Fähigkeiten*
> ➢ *Gesellschaftliche Bedürfnisse in die Schule mit einbinden*
> ➢ *Sich frei machen von biografischen Hemmnissen*

STUDIUM, ODER

WIR HABEN ZWAR KEIN ZIEL VOR AUGEN, STENGEN UNS ABER UMSO MEHR AN.

Inwiefern bereitet das Studium tatsächlich auf die Tätigkeit im Lehramt vor? Wird das Studium der späteren Aufgabe gerecht? Fühlt man sich durch das Studium gerüstet und gewappnet für das Lehrerdasein?

Ich startete mit viel Elan mein Studium an meiner pädagogischen Hochschule. „Frieda, du brauchst einen Klappstuhl und ein Klappmesser, um den Klappstuhl zu verteidigen, es ist Wahnsinn" war der treffendste Rat zum Studienbeginn, den eine Kommilitonin im zweiten Semester mir auf den Weg gab. Ich war nicht allein. Mit mir studierten 3000 vollkommen planlose Erstsemester, mehr als dreimal so viele wie die Hochschule aufnehmen konnte, schwirrten mit dem Vorlesungsverzeichnis durch die Flure und wussten nicht, was sie zu belegen hatten und wo sie hinmussten. Beratung gab es so gut wie keine.

Auch die Tatsache, dass man uns nach Aufnahme des Studiums mitteilte, nur 40 Prozent der Absolventen würden tatsächlich im Schuldienst landen, der Rest müsste sich in der freien Wirtschaft vergnügen, spornte uns nur an und man hoffte, zu den 40 Prozent zu gehören, denn was tat ich mit Theologie und Deutsch in der freien Wirtschaft? Freilich kannte ich viele ausgebildete Lehrkräfte, die sich Jahre oder Jahrzehnte lang taxifahrend oder bierzapfend durchschlugen. In unserer Universitätsstadt war es nichts besonders, dass der Crepes- Verkäufer einen Doktortitel in Philosophie hatte und der Hausmeister in der Grundschule ein Diplom in BWL, aber Ziel konnte es nicht gewesen sein, dass man studiert hatte, um danach vollkommen perspektivlos durch die Gegend zu dümpeln, oder mit Diplom in Sozialwissenschaften in der Tasche sein Heil in der Gastronomie suchte.

Ein einstiger WG- Mitbewohner von mir, ein Germanist, verdiente seine Brötchen durch Sitzwachen in der Uniklinik, Beispiele für solche Existenzen kannte ich viele, doch die erwartungsvolle Freude des Studiums hinderte mich daran, darüber nachzudenken, dass ich ebenso auf diese Weise stranden könnte.

Die hohe Kunst zu meiner Studienzeit war, sich Unterrichts- und Seminarplätze zu erschleichen. Wir saßen zu den verpflichteten Einführungsseminaren auf den Fluren, weil in den Hörsälen kein Platz mehr auf den Gängen frei war. Ich belegte so viel, wie ich zeitlich unterbringen konnte im Stundenplan. Mein Stundenplan war immer viel zu voll, manches Zeitfenster war sogar doppelt belegt. Man ging die eine Woche zu dieser, die andere zu jener Pflichtveranstaltung und trug sich in beiden für die Abschlussklausur ein. So gewann man Zeit für die interessanten Dinge.

Bei Veranstaltungen mit mehreren hundert Studierenden fiel so ein Schabernack nicht auf. Lustigerweise lichtete sich das Feld oft die Wochen nach Seminarbeginn, um dann kurz vor der Klausur am Ende noch einmal zu voller Größe anzuschwellen. Es fiel mir schwer, Seminare zu streichen, wo doch alles so interessant war.

Im Grunde studierte man nach Lust und Laune alle Fächer kreuz und quer. Für mich war das ein Paradies. Man wurde zur Eierlegenden Wollmilchsau ausgebildet. Der Lehrplan sah vor, Linguistik, Mediaevistik, Orchesterleitung. Doch waren das Dinge, die man brauchen konnte?

Und wie erlebte man Lernen an der Hochschule? Im Grunde setzte sich die Schulzeit fort. Man erlebte weder am eigenen Leibe andere Lernformen, sondern saß und genoss einen Frontalunterricht in Menschenmassen, die kaum eine Frage oder gar eine Diskussion erlaubten.[14] Man erlebte im Grunde einen Vortrag am anderen, von deren Inhalten ich keine 10 % behielt. Es braucht einen nicht zu wundern, dass von Versuchen, die wir innerhalb der Seminare machten, bei Methoden, in denen wir aktiviert wurden, das Wissen 30 Jahre später noch vorhanden ist.

Doch nicht nur die Methoden lieferten nur selten ein brauchbares Vorbild. Ich studierte Hauptschullehramt, und habe bislang keine Hauptschule erleben dürfen, in der ein Schulorchester existiert hätte. Ich dirigierte Haydnsinfonien im Studium, und war später konfrontiert mit türkischem Rap, und einer absolut bildungsfernen Gesellschaftsschicht, welche noch nie von der klassischen Muse geküsst worden war. Ich analysierte Opern von Monteverdi und meine Schülerinnen übten sich im Bauchtanz.

---

[14] Becker, N. (2006): Die neurowissenschaftliche Herausforderung der Pädagogik. Bad
Heilbrunn: Julius Klinkhardt

Auch die Feinheiten der deutschen Linguistik bleiben Schülern fremd, die „Isch geh Tanke" als deutschen Satz bezeichnen und einen Akkusativ für eine Sexspielart hält. Mittelalterliche Gedichte zu analysieren, gehört nicht zu deren Kernproblemen.

Wenn wir ehrlich sind, benötigen dies nicht einmal Schüler am Gymnasium. Die Beschäftigung mit der Historie der Sprache ist sicher für manche interessant, doch brauchen das alle, wollen das alle, betrifft es alle? Sind die Schülerinnen und Schüler in einer Situation, in der sie von diesem Wissen profitieren? Sind sie das jemals?

Wir haben festgestellt, dass sich Schule am Gymnasium kaum veränderte im Vergleich mit meiner Schulzeit, außer dass man heute versucht hat, den Schülern denselben Stoff in 8 Jahren einzubläuen, für den wir 9 Jahre Zeit hatten. Wäre das nicht eine Chance gewesen, den Schulstoff auszumisten?

Weshalb quält man Schüler, die kein Instrument spielen, mit Notationskunde, um einen Test zu schreiben und zu selektieren? Wäre es nicht sinnvoller, Freude am musikalischen Tun zu vermitteln?

Zurück zum Studium: Damit wir in der Grundschule eingesetzt werden durften, studierten wir je ein Seminar Schriftspracherwerb und Mathematik im Anfangsunterricht. Für den Lehreralltag war das viel zu wenig. Wenn ich heute darüber nachsinne, wie anspruchsvoll es ist, sechsjährige Kinder zum Lesen und Schreiben zu bringen, hatten wir das Thema gerade nur tangiert.

Solange die Schülerschaft sich der Norm gemäß entwickelt und ein Zuhause hat, in dem Gutenachtgeschichten dazugehören wie das Abendbrot, mag das alles noch funktionieren. Sobald man jedoch eine Schülerschaft hat, in der zu Hause RTL2 bis Mitternacht als Bildungsfernsehen betrachtet wird und in dem das Lesen als Kulturtechnik überhaupt keine Rolle spielt, hat man ein Problem, und ist schnell buchstäblich mit dem Latein am Ende. Zumeist hilft der zehnte Elternbrief, man möge mit dem Kind lesen üben, auch nichts mehr, dann kommt allenfalls zurück, Bildung sei doch Sache der Schule.

Wie unterschätzt das Thema war, wurde schnell ersichtlich, wenn Studenten reihenweise durch die Examina im Anfangsunterricht fielen, in denen zumindest solche Schwierigkeiten vorausgesehen wurden. Derlei Eskapaden waren ärgerlich und konnten den Erfolg des ganzen Studiums gefährden. Ich kannte Kommilitonen, denen das passiert war und die das Examen wegen einer nicht bestandenen Prüfung in Schriftspracherwerb an den Nagel hängen mussten, nach zehn Semestern.

Später im Beruf wurde der Mangel an Wissen diesbezüglich richtig deutlich, wenn man ohne ausreichende Ausbildung Kinder mit Dyskalkulie fördern soll oder in der Gesamtschule Kinder mit Förderbedarf Lernen, die in Klasse 5 den Zahlenraum bis 20 nicht beherrschen. Genau das wäre Kerngeschäft, hiermit umzugehen, doch das sagte uns vorher niemand.

Es gab Modethemen, zum Beispiel wurde in den Seminaren sehr kritisch über Leistungsbeurteilung gesprochen, doch das was wir an Erkenntnissen gewannen, kam bis heute nicht zur Umsetzung im Schulalltag. Was noch in Ordnung ist, wenn wir

Schülerinnen und Schüler mit ähnlichen Voraussetzungen in homogenen Gruppen vor uns sitzen haben, wird in der Inklusion für die Kinder zum Fiasko. Wir vergleichen durch die Leistungsbeurteilung junge Menschen und halten ihnen ihr Scheitern täglich vor die Nase.

Leistungsbeurteilung in Notenform gehört in vielen Schulen abgeschafft. Die Kinder können damit nichts anfangen, die Eltern auch nicht. Man sagt den Kindern, lernt nicht für Noten, sondern „um des Lerngegenstandes willen", doch sobald Noten erteilt werden, ist das leider Utopie. Alles muss vergleichbar sein, deshalb können Kinder nicht eigene Interessensschwerpunkte setzen. Intrinsische Motivation wäre hier das Zauberwort, doch die Eltern fragen ausschließlich nach Noten. Sie wollen wissen: Gehört mein Kind im Vergleich zu den Guten? Kann ich stolz sein auf mein Kind?

Es ist faszinierend zu erfahren, was Eltern für wichtig erachten, wenn man Elternabende in Kindergärten besucht. Es entsteht eine Rivalität darum welches Kind als erstes läuft, sauber ist oder irgendetwas besonderes kann. Es scheibt begehrenswert zu sein ein hochbegabtes Kind zu haben. Es ist genau gesehen, vollkommen gleichgültig, wann ein Kind was kann. Es benötigt eine bestimmte individuelle Zeit für Entwicklung, man kann Dinge nicht erzwingen, und es bringt keinen Vorteil, Dinge früher zu können. Es ist nicht einmal erstrebenswert, hochbegabt zu sein. Glück wäre ein erstrebenswerter Zustand, doch Hochbegabung ist nicht gleichbedeutend mit glücklich sein oder erfolgreich sein.

Ich fände erstrebenswert, die Talente eines jeden Meschen zu fördern, und sich daran zu erfreuen, anstatt fehlerhaftes zu sanktionieren. Doch wir streichen falsches rot an, nicht richtiges grün. Unsre Schulen beachten Talente nicht.

Ich habe eine Fünf in Sport stets auf mich persönlich bezogen. Ich war mangelhaft. Ich genügte nicht, ich war schlecht. Ich, Frieda, bin fehlerhaft, als Mensch, als Persönlichkeit. Es war nicht „Frieda hat 3 m weit geworfen (sie hätte 5 werfen sollen), sie rannte 800 m (dann ging ihr die Puste aus, den 1000 m Lauf hat sie nicht geschafft), aber mit Übung schafft sie nächstes Jahr die 1000 m. Ich hätte mit den Schultern gezuckt und geübt. Aber „Frieda ist 5" klingt einfach anders, was tut man damit? Manche Schulen haben das schon erkannt und gehen anders damit um. Sie schreiben differenzierte Entwicklungsberichte. Das ist zwar viel Arbeit für die Lehrkräfte, Eltern und Kinder können jedoch etwas damit anfangen und den Bericht als Richtschnur für weitere Förderung nehmen.

Es betrifft viele Bereiche von Schule und Unterricht, zu denen ich mit Fug und Recht sagen kann, dass keine Verbindung zwischen Hochschulwissen und angetroffener Praxis in Schulen besteht. Wie konnte es sein, dass „Schreiben wie man spricht" schon in den 80er Jahren als vollkommen unzureichend erachtet wurde, während Sommer- Stumpenhorst[15] noch 2024 in NRW mit mehr oder weniger Begeisterung an vielen Schulen praktiziert wird, häufig mit vollkommenem Unverständnis der Eltern. Dass die Eltern nicht völlig daneben liegen, wenn sie solche Methoden nicht nachvollziehen können, wird

---

[15] http://www.grundschulservice.de/Die%20Anlauttabelle%20-%20ein%20absurdes%20Unterrichtsmedium.htm

untermauert durch entsprechende Studien wie der Pisa- Studie. Es ist zum Teil erschreckend, wenn man heutige Rechtschreibleistungen der Fünftklässler sieht. In Süddeutschland ist jedem klar, dass diese Methode Grenzen hat, sobald ein Dialekt ins Spiel kommt.

Man stelle sich vor, das Kind sieht ein Bild mit einem Osterhasen, der ein Ei in ein Nest legt. Wie sagt ein schwäbisches Kind dazu? „Dr Has legt a Oe ens Nescht nei". In Hannover mag das Rechtschreiblernkonzept zum Erfolg führen, wenn das Kind auf dem Bild erkennt: Der Hase legt ein Ei ins Nest. Aber das sagt kein schwäbisches Kind, kein bayrisches Kind, kein schweizer Kind und kein österreichisches Kind. „Es Chäsli legt e Aili i s Näschtli" unterscheidet sich eben doch vom oben erwarteten Satz, und den Anlaut H hört ein Kind bei der Aussprache des Wortes „Chäsli" nicht.

In Schwaben, Bayern oder Schweiz wird kein Präteritum verwendet. Man benutzt das Perfekt. Es heißt nicht „Ich war in der Schule", sondern „Ich bin in dr Schul gsi", oder „I ben en dr Schual gwää". Der Dialekt ist in diesen Gebieten noch viel lebendiger als in manch anderen Bundesländern.

Also lernt man in Süddeutschland die Schriftsprache nach der Fibelmethode,[16] die Grammatik wie eine Fremdsprache, anders geht es nicht. Man thematisiert den Dialekt, auch an der Hochschule. Man macht dem Kind bewusst, dass es unterscheiden muss zwischen gesprochener Sprache und Schriftsprache.

---

[16] https://deutsches-schulportal.de/unterricht/neue-studie-aus-bonn-kinder-lernen-rechtschreibung-am-besten-mit-der-fibel/

Die gesprochene Sprache wird nicht abgewertet. Sie wird als lebendiges, wertvolles Kulturgut erachtet, aber eben nicht als Ausgangspunkt für den Erwerb der Schriftsprache hergenommen. Für mich war der Dialekt außerhalb meines Bundeslandes ein großes Hindernis. Man fordert zwar deutschlandweit Toleranz Mitbürgern gegenüber, die kein Deutsch sprechen, dass Dialekte zum deutschen Sprachgebiet zählen wird nicht akzeptiert.

Natürlich hat die Sommer- Stumpenhorst- Methode auch Grenzen, sobald das Kind die deutsche Sprache nur unzureichend spricht, denn die Materialien basieren auf Bildern, das Kind muss das Gezeigte benennen und beispielsweise den Anlaut heraushören. Wenn ein Kind die Begriffe nicht kennt, ist es hilflos. Es sieht den Apfel und weiß nicht, dass der Apfel „Apfel" heißt.

Die ersten Schultage beginnen also für viele Kinder mit Migrationshintergrund schon mit dem Wissen: Ich kann es nicht. Um nicht aufzufallen, kreuzen die Kinder dann später in ihren Arbeitsblättern irgendetwas an, wenn sie erkennen sollen, ob der passende Laut vorn, in der Mitte oder hinten im Wort zu hören ist. Was das Kind ohne Sprachkenntnisse lernt ist zu maskieren, nicht aufzufallen. Die Kinder fragen üblicherweise nicht nach, wenn sie etwas nicht verstehen. Sie fragen auch später nicht, wenn man sie noch so oft dazu auffordert, weil sie sich nicht die Blöße geben wollen, nicht zu verstehen oder zu wissen, was andere Kinder wissen.

Ich hatte einmal an einer Hauptschule eine Unterrichtsreihe „Frühlingsgedichte" zu unterrichten. Natürlich versuchte ich,

Präkonzepte zu erfragen, und sprach mit den Schülerinnen und Schülern über die frühlingshaften Gewächse. Dennoch stellte sich nach Rückgabe der Klassenarbeit erst heraus, dass Mehmet nicht wusste, was eine Gänseblume ist.

Er war zwar in Deutschland geboren, und in seinem kleinstädtischen Ghetto zur Schule gegangen, die dortige Grundschule wies einen Anteil von Kindern mit Migrationshintergrund von über 90 Prozent auf. Dennoch oder gerade deshalb fehlte ihm sprachliches Verständnis.

Es war spannend, als ich mit dem Spaten ein Stück Wiese ausgestochen und in einer Schale den Kindern vor die Nase gestellt hatte. Das Gänseblümchen öffnete und schloss sein Köpfchen und drehte sich zur Sonne, und den Ausruf Mehmets „das lebt ja" werde ich nie vergessen. Sein Alltag waren nicht die Blumen, sondern der Beton der Stadt vor seines Vaters Imbiss, in dem er nach der Schule oft bis in die Nacht hineinarbeitete.

Die Begriffe „mit scharf" oder Zwiebel hätte er gewusst. Beim Bedienen der Kunden war sein eingeschränkter Wortschatz nicht von Belang, und im Imbiss lief türkisches Fernsehen.

Es ist schlussendlich natürlich, dass kein Kind zeigen möchte, was es nicht weiß. Niemand ruft durch die Klasse, wenn er seine Hausaufgaben nicht gemacht hat, weil es Dinge nicht versteht, früher nicht und heute nicht- man tut so als hätte man sie gemacht, starrt still auf ein unbeschriebenes Blatt und versucht konzentriert und wissend dabei auszusehen, nickt hin und wieder oder tut so, als wolle man etwas korrigieren, zeigt mit dem

Stift auf dem Blatt herum, um zu verbergen was man vergessen hat. Manches ändert sich nie.

Wie lernten wir als Studierende das Lehren in der Praxis? An der Hochschule nicht. Um das Lehrerdasein kennenzulernen, hatten wir ein wohlgemeintes Einführungspraktikum, welches zu Beginn des Studiums anstand, ein vierwöchiges Praktikum an einer Schule unserer Wahl. Ich absolvierte es an einer Hauptschule, die ich nach Wohnortnähe auswählte. Musikunterricht gab es dort gar nicht, in Ermangelung einer fachlich kompetenten Lehrkraft, oder damals schon aus Resignation, ich kann es nicht sagen.

Der dortige Religionslehrer sagte zu mir: „Hier ist die Klasse 7b, 35 Schüler, mach was du willst, ich bin in der Kneipe nebenan und trink mir ein Bier. Die Schüler sind nicht zu unterrichten, egal was du tust, du kannst sie auch heimschicken." So hielt ich meine ersten Stunden allein in der Höhle des Löwen, meine Erwartungshaltung über den Erfolg meines Unterrichts ging nach dieser Ankündigung in den Keller.

Mein Ziel war, dass die Klasse im Schulhaus bleiben solle bis zum Klingeln und alle Beteiligten das Haus danach unverletzt verlassen. Das Ziel der Kinder war, möglichst früh nach Hause zu kommen. Wenn ich heute rückblickend darüber nachdenke, waren die Kinder ruhiger und unterrichtsbereiter als heutige normale Klassen in einer Gesamtschule. Das Dreigliedrige Schulsystem war damals noch fest zementiert.

In dieser Zeit wurden viele Schüler, welche offenkundig Lernbehinderungen hatten oder Förderbedarf im Emotionalsozialen Bereich, ohne viel Zögern an eine Förderschule geschickt, ein Abstieg war also möglich. Der Abschluss an einer Hauptschule befähigte immerhin noch, einen Ausbildungsberuf zu ergreifen, oder hatte dieses Ziel.

Viele Schüler strebten eine Lehre an, die Eltern kamen aus einfacheren Verhältnissen und sahen einfach keine Notwendigkeit einer weiterführenden Schule. Die Hauptschule hatte immer noch den Charakter einer Volksschule bewahrt, und dadurch, dass die Hauptschüler oft noch ein sinnvolles Ziel vor Augen hatten, nämlich einen Abschluss zu erwerben, hatte man ein Druckmittel.

Heute ist ein Rauswurf oder Abstieg aus einer Gesamtschule schier unmöglich. Also stehen die Schüler auf dem Standpunkt, es ist eh alles egal. Ein Zeugnis voller schlechter Noten führt gerade noch zu einem Achselzucken, und mancher Schüler lebt in dritter Generation Harz 4 oder Bürgergeld. Jede Lehrkraft kennt Zeugnisse, in denen eine vier in Sport die beste Note ist, und es weder Schüler noch Eltern bekümmert.

Ich fragte in der Religionsklasse meines Praktikums nach möglichen Interessengebieten, wir stimmten demokratisch ab und erarbeiteten tatsächlich das Thema Satanismus mit Selbstversuchen, was die Kinder furchtbar spannend fanden. Viele Schülerinnen und Schüler hatten damals gewisse Vorerfahrungen mit dem Thema, und Gläserrücken war kaum einem Kind fremd. Die Kinder waren begeistert, die Eltern wahrscheinlich weniger, aber das bekam ich glücklicherweise nicht mit.

Im Deutschunterricht besuchten wir mit der Klasse 7 ein Theaterstück. Es ging um Drogen. Der junge Ahmet, der neben mir saß und den ich beaufsichtigen sollten, da er hin und wieder kommunikativ über die Stränge schlug, war über den Verlauf des Theaterstücks entsetzt. „Der Vater liebt seinen Sohn nicht". „Wie kommst du darauf", hakte ich nach. „Wenn der Vater den Sohn lieben würde, würde er ihn halb totschlagen. Mein Vater würde niemals dabei zuschauen, wie ich Drogen nehme", erklärte er.

So wurde mir bewusst, dass die Erwartungshaltung, was Erziehung betrifft, mit anderem kulturellen Hintergrund eine ganz andere war. Der junge Mann ging davon aus, man demonstriere seine absolute Interesselosigkeit und man zeige keine Anteilnahme am Werdegang des Nachwuchses, wenn man sich nicht die Mühe machte, junge Menschen körperlich zu züchtigen. Darauf hatte uns im Studium keiner vorbereitet, verschiedene Erziehungskonzepte basierend auf unterschiedlichen kulturellen Werten waren kein Thema.

Wie schwach mussten wir wirken mit unserer Kuschelpädagogik und der Manier, junge Menschen zum pädagogischen Gespräch einzuladen. „Lass uns darüber reden" oder „Lass uns den Konflikt klären" ist ein heutzutage üblicher, aber für viele offensichtlich kein wirkungsvoller Weg. Klare Grenzen aufzuzeigen wäre hier angesagt. Ich bin beileibe nicht für die Einführung von Prügelstrafen. Aber das, was wir den Kindern heute bieten, sind keine Konsequenzen, das ist demonstrierte Hilflosigkeit.

Die Probleme, die Kinder haben, die nicht in unsere Gesellschaft integriert sind, sind weder neu, noch kamen sie von heute auf morgen. Bereits seit Jahrzehnten hat man darauf keine Antworten und tut nichts, außer zu beobachten und abzuwarten. Auf was warten wir?

Rückblickend ist mir heute bewusst, dass die Migrationspolitik, wie sie mit Menschen aus Ländern umgeht, in denen furchtbare Strafen zur Normalität gehören, Gewalterfahrungen wie Steinigungen, das Abhacken von Extremitäten oder öffentliche Auspeitschungen, nicht Früchte tragen kann, wenn man solche Menschen in aus deren Sicht regellose Umgebungen setzt, wie das scheinbar bei uns der Fall ist. Natürlich sind die Menschen vor derlei Regimen geflüchtet, können sich jedoch von vielen Werten und Grundsätzen nicht loslösen, die sie durch ihre Gesellschaft, in der sie aufwuchsen, gemacht haben.

Welche Erwartungen haben sie an Schule, an Lehrer? Was brauchen sie, um anzukommen? Was wäre gelebte Willkommenskultur? Was ich mitbekomme ist, dass sich Kinder mit Migrationshintergrund nicht gesehen fühlen. Sie fühlen sich abgewertet und benachteilig. Zu diesem Thema müsste ein Diskurs ansetzen. „Sie müssen sich eben integrieren" reicht nicht. Es gehören zwei Seiten dazu, die sich aufeinander zubewegen sind und offen sind füreinander. Was ich sehe an Schulen, ist dass Bedürfnisse ignoriert werden.

Weshalb gibt es keinen Sprachunterricht für Kinder, die Bedarf haben, vollkommen losgelöst davon, ob sie hier geboren sind oder nicht? Weshalb gehen wir nicht vom Bedarf aus, wem wir Hilfe zu Teil werden lassen, und nicht von

Berechtigungsscheinen und Diagnosen? Unser System ist viel zu unflexibel. Stattdessen schieben wir Probleme vor uns her, was uns später teuer zu stehen kommt.

Es gibt hier einzelne junge Menschen, die, wie mir ein befreundeter Polizist beschrieben hat, im Grunde darüber lachen, von der Polizei beim Ladendiebstahl erwischt zu werden, und außer einem netten Gespräch, das sie noch nicht einmal verstehen, passiert gar nichts. Wer Glück hat, bekommt auf der Polizeistation noch ein Getränk und wird noch heimgefahren.

Die jungen Diebe werden nach hinten aus dem Laden entfernt und kommen vorne wieder herein, um sich erneut zu bedienen. Sie benehmen sich zum Teil völlig grenzenlos und regellos. Hier ist ein nettes pädagogisches Gespräch und eine viele Monate später anberaumte Gerichtsverhandlung einfach nicht ausreichend. Tat und Folge stehen in keinem für sie sinnvollem Zusammenhang.

Das Einzige, was unseren Politikern einfällt auf den Druck der Öffentlichkeit hin angesichts heutiger Probleme mit Gewaltverbrechen und Kriminalität, sind Messerverbotszonen- es ist ein Hohn der Gesellschaft und den Opfern gegenüber. Als würde sich daran jemand halten, der bereit ist, einen unschuldigen Menschen abzustechen, und sich dafür interessieren, ob die Klinge 6 oder 8 Zentimeter lang ist. Ein Verbot muss zudem durchsetzbar sein. Wer sollte denn bereit und fähig sein, solche Menschen zu kontrollieren? Wo soll das Personal herkommen, um Beispielweise Bahnhöfe oder Züge zu kontrollieren? Welches Problem sollte dadurch gelöst werden?

Die Extreme sind selten, doch kommt unser Land einzelnen Leuten vor wie ein gedecktes Buffet, Mädchennutzung inklusive, aber das ist ein anderes Thema. Die unterschiedliche Bewertung menschlichen Lebens abhängig von Geschlecht, Religionszugehörigkeit und Religionsausübung ist ohne Zweifel nicht mit unserem Grundgesetz in Einklang zu bringen.

Bei manchen Familien, die ich kennenlernen durfte als Lehrerin, war mir nicht nachvollziehbar, weshalb man eine Familie in ein Land verbringt, dessen Werte man so verabscheut und verachtet. Ich hatte ein Kind in der Lerngruppe, das von Afghanistan nach Deutschland gekommen war. Es war noch nicht in der Pubertät, aber vollständig in schwarze Gewänder eingehüllt. Mit dem Mädchen versuchte ich einfache Sätze beim Einkauf zu üben. „Ein Brötchen bitte", so stand auf dem Lehrplan. Ich ging mit dem Mädchen zum Bäcker, wollte dem Kind ein Brötchen spendieren, doch es rannte panisch aus dem Laden hinaus und begann zu weinen.

Ein anderes arabisch sprechendes Kind konnte mir übersetzen und es kam zu Tage, dass dem Mädchen erzählt worden sei, in allen Lebensmitteln in Deutschland seien Schweine. Man dürfe von Deutschen nichts annehmen, man werde dadurch unrein und käme in die Hölle. Wie um alles in der Welt konnte der Vater den Kindern so etwas antun? Warum kommt man dann nach Deutschland, wenn man solche Vorstellungen hat? Was erwartet man von einem Leben in solch feindlichem Gebiet?

Es trifft beileibe nicht für alle zu, die Mehrzahl der Menschen mit Migrationshintergrund ist willig, sich zu integrieren, und leistet einen wertvollen Beitrag in der Gesellschaft. Wir haben alle Kolleginnen und Kollegen, Freunde und auch Familie, die aus anderen Ländern oder Kulturen kommen. Wir schätzen sie und nehmen sie an, und wünschen sich für diejenigen notwendige Hilfen und Chancengleichheit.

Es sind oft schon Ansätze bei manchen Schülern, besonders bei deren Umgangsformen, erkennbar, die zu nichts Gutem führen, und die Folgen sind durchaus absehbar. Wer in der Schule schon in keiner Form bereit und fähig ist, anderen Menschen in irgendeiner Form Respekt zu bekunden, wird später vermutlich nicht zum sozialsten verantwortungsbewusstesten Mitbürger mutieren.

Es ist auch eine Frage der Pädagogik, ob wir dem Entgegensteuern können, das Problem sehen und benennen wollen und Möglichkeiten finden. Das Einzige was ich sehe ist: Es reicht nicht, was wir tun. Junge Menschen brauchen gangbare Perspektiven, aber sie müssen auch etwas dazu beisteuern. Kulturen, die sich ihrer Religion wegen abgrenzen, die westliche Welt und ihre Werte feindlich betrachten, können in dieser Westlichen Welt keinen Erfolg haben.

Ich hatte in einer Hauptschule während einer Pausenaufsicht das Erlebnis, dass sich ein Schüler, der sich zu Unrecht zurechtgewiesen fühlte, weil ich ihn für aggressives Verhalten einem kleineren Jungen gegenüber rügte, den er vor meinen Augen trat und schlug, die Hose herunterzog, um sich vor meinen Augen sexuell zu befriedigen. Ich würde so ein Verhalten, das sicherlich seiner Missachtung mir als Frau gegenüber Ausdruck verleiht, durchaus als krank bezeichnen und hätte von der Schulleitung erwartet, dass man diesen jungen Mann massiv in Schranken weist, doch an diesem Tag hatte die Schulleitung besseres zu tun und dann wurde es vergessen. Wie viele Vorfälle dieser Art man noch vergisst, darüber möchte ich gar nicht nachdenken.

Das Einführungspraktikum wurde jedenfalls abgehakt. Man brauchte den Zettel, auf dem stand, dass es gemacht wurde. Darüber reflektiert hatte man nicht. Im Grunde hatte man sich über seine eigene Rolle keine Gedanken gemacht, man schritt fort zur nächsten Aufgabe. Man kam gar nicht dazu, darüber nachzudenken, ob man diesen Beruf tatsächlich für den Rest seines Lebens ausüben wollte.

Nun stand das Studium an, auf das man sich gefreut hatte, und dort stürzte man sich kopfüber hinein. Ich muss zugeben, dass ich mich sehr motiviert an die Arbeit machte. Ich nahm meine Studien sehr ernst und verbrauchte Stunde um Stunde in der Bibliothek oder in einem der vielen Überäume der Hochschule (kleine Toilettengroße Zellen an der Hochschule, die ein Üben am Instrument ermöglichten), um meine Fähigkeiten am Klavier und an der Orgel zu verbessern und über Fachdidaktik und Methodik, Psychologie und Pädagogik zu lesen.

Die Vorstellung, man habe ausschließlich studentisches Leben genossen, kann man ad acta legen, wenn man bedenkt, dass ich mein Studium mit Nebenjobs mehr oder weniger selbst finanziert hatte und dennoch in der Regelstudienzeit abschloss. Es war nicht viel Zeit für Müßiggang zwischendurch. Oft lernte man bis zur Erschöpfung, auch die Nächte hindurch, und ein Treffen mit Kommilitoninnen, um zu lernen oder gemeinsam an Projekten zu arbeiten gehörte schon zu den Vergnügungen. Ich besuche bis heute Fortbildungen, es macht mir Freude, mich mit neuen Aspekten fachspezifischer Themen auseinanderzusetzen.

Wir studierten Fachwissenschaften, befassten uns mit den Weltreligionen, doch das braucht man alles de facto im Lehreralltag nicht. Die Analyse mittelalterlicher Texte wurde bislang nicht gebraucht in den Schulen, in denen ich unterrichtet habe, und auch die Vermittlung von Opern ist kaum an Hauptschulen Thema. Was wir gebraucht hätten, wäre Türkisch und Karate, denn die Anzahl an Schülern mit türkischsprachigem Background nahm in den Jahren enorm zu. Wir bräuchten, um auf den Umgang mit Aggressivität bei Schülern gewappnet zu sein, Übungen in deeskalierendem Verhalten und Sicherheitsmaßnahmen. Manche Schulen, in denen ich gearbeitet habe, hatten weder eine Durchsagemöglichkeit noch eine Möglichkeit, bei Bedarf Hilfe zu holen. Das ist nicht mehr zeitgemäß.

Auf die Frage, inwieweit mich das Studium auf den Beruf vorbereitet hat, kann ich heute ehrlicherweise antworten: Nur rudimentär. Es wurde Fachwissen abgedeckt, aber das ist der kleinste Teil des Lehrerseins.

Während meines Studiums kämpften zudem nicht wenige Studierende zu meiner Zeit mit der Bewältigung des vollkommen profanen Alltags. Wirklich sorgenfrei studieren konnte keiner. Man hatte kein Zimmer, keine Bleibe, nichts zu beißen und kein Geld für Bücher.

Beim Versuch ein Zimmer zu bekommen, schlug man sich mit sexistischen und äußerst dubiosen Angeboten herum. Manche Studentin inserierte mit den Worten „Metzgermeister sucht

für Tochter Zimmer" um Anbieter mit schlechten Absichten ab-
zuschrecken. Man hauste als Untermieter vom Untermieter, unter der Brücke, in Bauwagen, Zelten. Die Wohnungsnot war absurd, um nicht zu sagen verheerend. Es gab noch kein Internet,
also war jeder freie Platz in Kneipen, an Bushaltestellen, an
freien Plätzen der Stadt vollgeklebt mit Zetteln „Suche Zimmer"
und einer Telefonnummer.

Daraufhin bekam man dann Angebote des günstigen Woh-
nens, wenn man einmal in der Woche den Vermietern zu Diens-
ten sei oder sich am Abend für eine Stunde einer Sexhotline zur
Verfügung stellt. Ich konnte mich wahrlich nicht in der Rolle
vorstellen, während meiner Theologiestudien mit Dirty Talk ins
Telefon zu stöhnen, während sich am anderen Ende der Leitung
ein Mann befriedigte, und zwischendurch schrieb ich dann Ab-
handlungen über biblische Psalmen.

Nicht dass ich es verurteile, wenn jemand auf solche Angebote eingeht, es hat so gar nichts mit Prüderie zu tun, aber es
war so gar nicht das Meine. Davon, allein zu Zimmerbesichti-
gungen zu gehen, konnte ich verständlicherweise nur abraten.
Man überlegte sich also, sich einen Kommilitonen an die Seite
zu stellen, der den Partner oder Bruder mimte, oder sich ander-
weitig Begleitung zu suchen, die für die nötige Sicherheit
sorgte.

Im dritten Semester erhielt ich ein seriös klingendes günstiges Zimmerangebot. Eine sehr nette Vermieterin kontaktierte
mich, sie hätte ein besonders günstiges Zimmer für mich, und
lud mich zur Besichtigung ein. Es stellte sich heraus, das Zimmer war zuvor von zwei Gothics bewohnt gewesen. Nachdem

diese den Raum umgestaltet hatten, war der Raum zum normalen Preis nicht mehr zu vermieten. Den Sarg, in dem sie geschlafen hatten, hatten sie glücklicherweise schon mitgenommen, aber ansonsten glich der Raum einer Gruft. Sogar die Türen und Türstöcke waren schwarz gepinselt. Ich mochte es eher hell, und konnte mich absolut nicht dazu hinreißen lassen, den Raum zu mieten.

Meine Wahl fiel dann auf ein WG- Zimmer, das ich als Untermieterin eines Untermieters bewohnte, welcher ein Auslandssemester eingelegt hatte. Leider verliebte sich ein Mitbewohner in mich, so dass es mir irgendwann zu anstrengend wurde, ihn abzuwimmeln. Ich wollte vor Prüfungen keine jammernden von Liebesleid geplagten Mitbewohner vor meiner Zimmertür, welche mir die Aufwartung machten. Um das Problem zu umgehen, musste ich dort ausziehen.

Ich hatte bald großes Glück und hauste für 300 Mark unter dem schwarzen Schieferdach einer Metzgerei. Es gab ein Zimmerchen ohne Dusche, dafür mit einer Toilette auf dem Flur, die ich mir mit einem italienischen Gastarbeiter teilte, den ich jedoch nie zu Gesicht bekam. Ich zog ein mit meiner schwarzen Adlerschreibmaschine, einem mechanischen Monstrum, das beim Tippen einen höllischen Lärm machte, einer Matratze, die ich auf den Boden legte, meiner Geige und einem Stapel Bücher. Mit Hilfe der Adler Schreibmaschine fabrizierte ich die meisten meiner Hausarbeiten. Machte man einen Fehler, musste man die Seite neu schreiben. Noch heute kann ich schnell und weitgehend fehlerfrei tippen.

Wenn ich nicht tippte, übe ich Tonleitern auf der Geige. Mich wundert, dass meine Vermieterin das Treiben so lange aushalten konnte. Dass ich Vegetarierin war, konnte sie nicht abhalten, mir regelmäßig Wurstpakete vor die Türe zu legen, die ich dann der Katze des Hauses verfütterte, die jeden Abend um meine Türe schlich. Der Luftabzug der Wurstküche lag unter meinem Fenster, doch in der Not ertrug man alles, und an dieses Zimmer hatte ich viele positive Erinnerungen.

Es gab keine Heizung, und so warm es im Sommer war unter dem schwarzen Dach, so kalt war es im Winter. Ich wärmte den Raum mit einem kleinen Elektrogebläse. Wir machten uns manchen schönen Abend mit Freunden, indem wir vor dieser Heizung auf dem Boden lagen und Gemüsestücke auf eine Gabel gespießt und mit Käse überzogen vor diese Heizung hielten- sozusagen ein einfaches Raclette.

Die Kosten des Studiums verdiente ich mir mit allerlei Nebentätigkeiten. Ich bediente in Gaststätten, in Restaurants, spülte Geschirr und zapfte Bier. Manchmal bekam man Jobs, die lukrativ und begehrt waren. So landete ich einmal als Sitzwache in einer Augenklinik. Ich musste eine frisch operierte geistig behinderte Frau betreuen und stündlich darauf achten, dass Blutdruck, Atemfrequenz, Puls und Blutzuckerspiegel im Normbereich lagen.

Mit mir versah als einziger Pfleger auf Station der junge Anton Dienst. Es waren beinahe alles frisch operierte Patienten, die überwacht werden mussten. Bei einem Kaffee kamen wir ins Gespräch und es stellte sich heraus, dass Anton kein Pfleger war, sondern Student der Medizin im ersten Semester.

Bislang hatte er vorrangig mit dem Latinum zu kämpfen, das ich schon besaß, und so fragte ich ihn während des Dienstes Vokabeln ab. Die Patienten riefen jedoch „Herr Doktor", wenn sie etwas brauchten. Wer jemals Einblick in solche Systeme hatte, meidet Krankenhäuser wie der Teufel das Weihwasser. Für mich waren die Jobs ein Segen, denn sie waren gut bezahlt und man konnte dabei lernen, aber man betete darum, dass keine ernsthaften Vorkommnisse passierten, die medizinisches eingreifen notwendig gemacht hätten.

Als Musikerin hatte man es sowieso gut, denn ich vermochte zumindest einen Teil der Studienkosten durch künstlerische Betätigung zu decken, spielte auf Hochzeiten und Beerdigungen oder leitete Chöre. Ich schloss trotz der vielen Jobs nach acht Semestern mit dem Staatsexamen ab.

Man kann sich vorstellen, dass gerade diese Nebentätigkeiten bei mir Verständnis auch für die Menschen erweckten, die einfacheren Betätigungen zum Lebenserwerb nachgehen mussten. Es war nicht von Schaden, auch wenn ich mir ein sorgenfreieres Studium gewünscht hätte und mehr zeitlichen Freiraum für das Wesentliche meines Abschlusses. Wie viel Nächte man zwischen den Prüfungen Teller in Kneipen gewaschen hatte, stand nun einmal nicht im Examenszeugnis.

Das Thema „Gleichberechtigung der Frauen" war eines der beliebtesten Themen in den Hauptseminaren. Es war Mode, Lehrwerke auf Geschlechtsstereotypen hin zu untersuchen. Natürlich war das ein wichtiges Thema, die Gesellschaft war diesbezüglich im Wandel, und doch hielt es manchen Professor nicht davon ab, Studentinnen zur Besprechung einer Prüfung in den heimischen Whirlpool einzuladen, der ich, so muss ich auch betonen, nicht nachkam.

Mir genügten die Schilderungen von Kommilitoninnen über Nächte mit Sekt im Whirlpool bei Prüfungsbesprechungen, um dann zu meinem Vertrauensdozenten zu gehen, um den Skandal aufzudecken. Von ihm erhielt ich dann auch Rückendeckung während der Prüfung, damit es wegen der Weigerung zur Teilnahme nicht zu Benachteiligung kommen konnte und der Professor erhielt eine scharfe Verwarnung. Weshalb er wieder in dieser Position war, obwohl er Jahre zuvor wegen solcher Delikte schon die Lehrerlaubnis entzogen bekommen hatte, war mir ein Rätsel.

Ich erwarte von einem Mann, dass er sich nicht wie ein hormongesteuerter Rüde auf alles stürzt, nur weil er Gelegenheit dazu hat, und seine Macht missbraucht, im Glauben, eine Studentin wolle das. Ich mag Wellness, aber bitte in selbst erwählter Begleitung, wenn überhaupt. Dass gerade auch in unserem christlichen Kulturkreis respektvoller Umgang gerade in Machtpositionen Kindern oder Frauen gegenüber gelernt und bewahrt werden muss, steht außer Frage. Auch hier gilt es, einiges aufzuarbeiten.

Heutzutage ist man viel sensibler geworden, was solche Übergriffe angeht, und auch rechtlich hat sich einiges getan. Während damals Gewalt in der Ehe noch als Kavaliersdelikt gesehen wurde, ist heute der Zwang zu Sexualität auch in der Ehe strafbar.

In Kirchen, in denen Machtgefälle vor allem zwischen Priestern und Kindern häufig missbraucht wurde, werden allen Menschen, die mit Kindern in Kontakt kommen, Seminare zur Sensibilisierung gegen Sexualisierte Gewalt erteilt, und auch für Lehrer gehört das zu den Pflichtthemen. Es hält zwar niemand davon ab, seine Macht zu missbrauchen, gibt aber anderen Erwachsenen Wissen mit, solches Vorgehen zu erkennen und schafft Handlungssicherheit, um dagegen vorgehen zu können. Ich gebe mich jedoch keiner Illusion hin, dass der adäquate Umgang zwischen abhängigen Menschen heute gelingt, es ist noch ein weiter Weg dorthin.

Im Großen und Ganzen war das Studium eine wunderbare Zeit. Es war viel Arbeit, man schrieb Nächte durch an Hausarbeiten, doch konnte man die Themen je nach Interessenlage frei wählen. Am Ende verbrachte ich meine Examenszeit in einem Indianerreservat und forschte zur multikulturellen Erziehung.

Auch Multikulturelle Erziehung ist ein Thema, das durchaus in unseren deutschen Schulen in der Praxis anders umgesetzt werden müsste, um Kinder aus anderen Herkunftsländern interessenstechnisch überhaupt mit ins Boot zu holen. Dass sie sich nicht wahrgenommen und angesprochen fühlen, ist nicht völlig grundlos.

Unser Lehrplan hat sich seit Jahrzehnten nicht verändert, die Zusammensetzung unserer Schülerschaft wohl. Es ist ja nicht nur so, dass die Talente unserer Kinder nicht gefördert werden, ihre Interessensgebiete finden kaum Beachtung, Unterrichtsstoff und Erfahrungshorizont des Kindes werden sich immer fremder. Wir haben Kinder aus unzähligen Nationen in einer Klasse sitzen, mit und ohne Flucht, mit und ohne Traumata, aus vollkommen unterschiedlichen Kulturkreisen, über die viele Lehrkräfte, mich eingeschlossen, nicht einmal die grundsätzlichsten Dinge wissen. Dennoch muss man bezüglich gelebter Werte und Erziehung zu einem gewissen Konsens kommen, das gelingt nicht immer. Was wird erwartet, was ist wichtig? Wodurch ist der Blick auf verschiedene Inhalte geprägt? Was trägt Religion zu diesem Blick bei? Es gibt Fragen über Fragen.

Mehrsprachigkeit wird in unserem Schulsystem so gut wie nicht honoriert oder gesehen, dabei ist sie von großem Nutzen und müsste viel mehr Beachtung finden. Schüler und Eltern könnten zum gegenseitigen Verständnis beitragen, wenn sie eine Sprache hierzu fänden und ihnen Raum gegeben würde, aber das ist bis heute in Schulen gar nicht gewünscht.

Praktische Erfahrungen sammelten wir während des Studiums im Grunde in Tagespraktika, die wir in jedem Fach für ein Semester absolvieren mussten. Man ging mit einem ganzen Kurs in eine Schule und hielt abwechselnd Stunden, die vollkommen realitätsfern waren.

Es waren Stunden, in denen die oft handverlesene Schulklasse nebst Lehrkraft anwesend war, und dazu noch im hinteren Bereich des Klassenraumes zwanzig Studenten mit Professor saßen. Jeder Studierende musste eine Stunde im Laufe des Semesters halten, und dass Schüler und Schülerinnen angesichts dieser Übermacht an Lehrkörpern nicht zu Widersetzlichkeit neigten, ist gut nachvollziehbar. Es war keine auch nur in Ansätzen normale Situation. Man bastelte Marionetten, um mit

Kindern ein Stück aus einer Oper nachzuspielen. Der Aufwand war unbeschreiblich.

Pro Stunde gab man zwanzig Seiten Unterrichtsvorbereitung ab, eine Analyse der Sozialstruktur der Klasse, die man gar nicht kannte, eine didaktische und methodische Analyse der Stunde. Man saß Wochen an einer Unterrichtsvorbereitung. Natürlich machte diese Art zu unterrichten Freude, aber es hat mit der späteren Arbeit wenig gemeinsam, um ehrlich zu sein: Es ist entbehrlicher Unfug.

Das Reisen war für mich persönlich ein ausgleichender, sinnvoller und wichtiger Teil meiner Studien. Ich besuchte Schulen in Afrika, in Amerika, in Italien, um zu beobachten, wie andere Schulsysteme bestimmte Aufgaben lösen. Daraus lernte ich weit mehr. Ich drückte mit über 50 kleinen afrikanischen Kindern die Schulbank, die ohne Papier auskommen mussten. Sie sprachen alle im Chor die zu lernenden Aufgaben nach. Das Kontrastprogramm erlebte ich in den USA. Dort arbeitete man schon längst an einer Reservatschule mit Klassensätzen Laptops, als ich noch auf meiner Adler Schreibmaschine herumhämmerte.

Technisch gesehen sind viele Länder um einiges fortschrittlicher als Deutschland. In Afrika mochte es noch angehen, dass man Kreidetafeln hatte, aber manche technische Errungenschaft erleichtert das Lehrerdasein schon. Das man im Jahre 2024 noch Tageslichtprojektoren und Kreidetafeln nutzt, ist einfach nicht mehr zeitgemäß, und wir haben in vielen Bereichen die Chancen vertan, zukunftsfähig zu unterrichten.

Für viele Schüler wären Sprachlernprogramme ein Segen. Es ist unfassbar, dass man in vielen Klassenzimmern noch nicht einmal einen Computer, geschweige denn Internet hat.

Einigen klugen Köpfen an der Hochschule fiel in den 80er Jahren, genau in meinem Abschlusssemester, in dem ich meine Abschlussarbeit abgeben musste, ein, dass Examensarbeiten nun am Computer abzugeben seien, man müsse schließlich mit der Zeit gehen. Also erwarb ich einen Atari Computer Mega STE.

Rechner wie in den USA hätte ich mir nicht leisten können, dort wurden schon längst Klassensätze Laptops genutzt, während 20 Jahre später an meiner Deutschen Grundschule vollkommen veraltete, eingestaubte Schwarz- Weiß- Monitore herumstanden, deren uralte Betriebssysteme kein Lernprogramm ans Laufen brachte. Man putzte jahrelang drumherum, es war im Grunde eingestaubter Elektronikschrott. Die Rechner vergeudeten Platz, und sie zu entfernen war uns Lehrern auch nicht erlaubt, aus welchen Gründen auch immer. Es hieß es sei städtisches Eigentum und dürfte nicht bewegt werden. Warum sollte einfach sein, was auch kompliziert geht?

Meine Examensarbeit, bestehend aus 180 Seiten, schrieb ich mehrfach, da ich nicht durchschaute, wie man sie auf einem Rechner speichern konnte. Aber welcher Studierende schwitzt nicht verzweifelt über Examensarbeiten, wenn der Abgabetermin näher rückt? Vorbereitet hat uns auf die Arbeit mit Computern keiner. Man erarbeitete sich die Grundlagen mit der „Try and Error" Methode.

Für mich war es offensichtlich, dass ich den Umgang mit neuen Programmen nur lerne, indem ich sie anwende. Ich muss den Bedarf einer Handlung erkennen, ich muss es versuchen zu tun, das Problem erforschen, die Handlung ausführen und dann sitzt das Wissen darum. Ich bin kein Mensch, der ein Buch liest über ein Computerprogramm und es dann umsetzen kann.

Ein Arbeitsblatt darüber hat für mich keinen Nutzen. Wenn ich sehe, welche Papierberge wir in den Schulen vergeuden, steht das oft diametral der Menge Erlerntem gegenüber. Auch das sollte man hinterfragen. Es wäre nützlicher, Bäume zu erhalten als diese Papierhaufen zu verschwenden.

Vor allem an Grundschulen ist es eine Krankheit, zu kopieren und nochmals zu kopieren. Ein Schüler begreift nicht besser, wenn er fünf Arbeitsblätter hintereinander dieselben Aufgabenformate falsch rechnet. Er muss eine Aufgabe richtig ausführen, die Operation praktisch tun und nachvollziehen. Die Rechenaufgabe aufzuschreiben ist nur die Darstellung der Rechnung, nicht die Rechnung selbst. Erst muss das Kind die Rechenoperation praktisch mit den Händen erleben, sich dann vorstellen was es tut und dann aufschreiben. Es muss eine Idee von der Menge haben, nicht von der Ziffer

Je schwerer ein Kind sich mit Rechne tut, desto wichtiger ist die praktische Ausführung, doch meist gibt es hierfür kein Material. Montessorischulen haben dafür wunderbare Materialien, doch die findet man in Regelschulen nicht, die kosten Geld.

Auch das Thema Hausaufgaben ist so ein Reizthema, das bis heute von Lernpsychologen vollkommen anders gesehen wird, als es in Schulen gehandhabt wird. 1964 hat der Pädagoge Bernhard Wittmann eine Studie gemacht und dabei festgestellt, dass Klassen ohne Hausaufgaben nicht weniger Lernfortschritt erzielen. 2024 halten wir immer noch an Hausaufgaben fest, obwohl sie gerade soziale Unterschiede zementieren, was jede Lehrkraft bestätigen wird.

Diese Diskussionen und Kritikpunkte gab es schon während meiner Studienzeit. Meine Examina gelangen jedenfalls weitgehend reibungslos. Ich war es schon gewohnt, mit sehr guten schriftlichen Noten zu punkten, im Mündlichen jedoch völlig zu versagen. Die mündliche Fünf in Musik, wo ich die schriftliche Prüfung mit 1,0 und die praktischen Fächer auch mit 1 hinter mich gebracht hatte, konnte mein Professor nur abwenden, indem er den anderen mitteilte, ich sei an dem Tag nicht ich selbst.

Ich bin heute noch in solchen Crash- Situationen mündlich kaum in der Lage, beispielsweise Stunden sinnvoll zu reflektieren. Ich war in einem Zustand, in dem ich zwei und zwei nicht hätte zusammenzählen können, meine Amygdala schaltete das Großhirn ab und um auf Flucht. Ich war zu keinem klaren Satz mehr fähig, und stammelte schwitzend irgendeinen Unfug vor mich hin. Mein vollkommenes Unwissen war nicht nachvollziehbar, wusste ich doch im Grunde die Antworten und hätte in einer anderen Situation locker aus dem Stand einen Vortrag darüber halten können.

Leider litt ich unter diesem Phänomen bei allen mündlichen Prüfungen. Es hätte sicherlich mit professioneller Hilfe umgangen werden können, wenngleich mein Autismus sicherlich der

Bearbeitung ein Stück weit im Wege steht. Doch muss man alles können?

Ein Professor sagte einmal in einem Vortrag über Mathematik, die besten Lehrer seien die schlechten Mathematiker, denn sie verstünden die Schwierigkeiten, welche Kindern begegnen. Ein guter Mathematiker versteht nicht, was andere Menschen an mathematischen Operationen nicht nachvollziehen können. Eigentlich ist das vollkommen logisch.

Ich war immer sehr gut in der Rechtschreibung. Ich schrieb jedoch nach Bauchgefühl, und eben dieses führt ja dazu, dass man nicht über Regeln nachdenkt. Wenn ich heute am Klavier improvisiere, muss ich mich sehr anstrengen, um die Regelhaftigkeit meines Tuns zu erläutern und weiterzugeben. Natürlich ist mein Spiel harmonischen Regeln unterworfen, aber wir erlernen die grammatikalischen Regeln einer Sprache ja auch nicht dadurch, dass wir Grammatik auswendig lernen.

Ich kann manches einfach, und man vergisst, wie man damit angefangen hat. Den Schülern nützt es nichts zu sagen, „Schau, die Rechnung ist ganz einfach, ich mache es so und so…". Man muss verstehen, wo die Kinder um die Ecke denken und sich verzetteln.

Ich muss diesem weisen Mann in vielem recht geben. Wir wählen oft die besten Schüler für Berufe aus, und vergessen, dass gerade die Tatsache, dass ihnen oft alles in den Schoß fällt, sie nicht qualifiziert für die jeweilige Tätigkeit. Wir haben die falschen Auswahlkriterien.

Der Arzt hat nicht deshalb viel Einfühlungsvermögen und Menschenkenntnis, weil er die lateinische Grammatik beherrscht, oder beim Bulimie- Lernen besonders erfolgreich ist. Über Teamfähigkeit sagt es nichts aus, wenn jemand in Chemie die Formeln auswendig gelernt hat, und auch ein Arzt muss teamfähig sein und sich in Menschen hineinversetzen können, was er beim Herunterbeten von Jahreszahlen in Geschichte nicht zeigt.

Nach welchen Kriterien wurden wir als Lehrer ausgewählt? Nach Fachwissen, Allgemeinbildung, Virtuosität am Instrument. Die Lehrerpersönlichkeit wurde außer Acht gelassen, die Kreativität im Unterricht, das Einfühlungsvermögen in Schüler, die Belastbarkeit, so vieles, was nötig gewesen wäre.

Auch ich habe die Belastung im Beruf vollkommen unterschätzt. Begeisterung für ein Fach ist sicherlich die wichtigste Voraussetzung, um es zu lehren, doch es ist bei weitem nicht alles. Die Bereitschaft, sich mit der eigenen Biografie auseinanderzusetzen, neue Methoden des Lehrens zu erfahren, auch Coachingprozesse und Methoden der Beratung hätten ins Studium gehört.

Was hätten wir gebraucht? Was wäre hilfreich gewesen?

➢ *Intensivere Studienberatung*
➢ *Transparente und sinnvolle Auswahlkriterien*
➢ *Praktika mit intensiver Begleitung*
➢ *mehr Austausch zwischen Wissenschaft und Praxis*
➢ *mehr Betreuung statt Massenabfertigung*
➢ *Studenten auf die praktische Tätigkeit hin ausbilden*
➢ *Studenten im Umgang mit Technischen Neuerungen schulen*
➢ *Rüsten für gesellschaftlichen Wandel*
➢ *Andere Lehrmethoden auch in der Hochschule erfahrbar und erlebbar machen*

EXAMEN UND WAS NUN?

Wer nun glaubt, man freue sich darauf, sich mit dem Examen in der Hand ins Abenteuer Schulalltag zu stürzen, liegt weit daneben. Ich war absolut nicht bereit dazu. Mein Bauchgefühl sagte mir, dass ich nicht gerüstet, nicht genug ausgebildet, nicht gewappnet sei. Ich sah mehr Fragen als Antworten, mehr fehlendes Wissen meinerseits als Können.

Ich studierte erst noch ein paar Semester Sozialpädagogik und sammelte Arbeitserfahrung in der Jugendhilfe. Ich fühlte mich dem Lehrerdasein in keiner Weise gewachsen. Im Nachhinein ist mir klar, dass für mich als Asperger Autistin die Arbeit in einer Schule absolut suboptimal ist. Der Lärm ist für mich kaum zu ertragen, ich leide unter Reizüberflutung, der Stresspegel übersteigt jedes gesunde Maß und führt unweigerlich ins autistische Burnout.

Nach einigen Jahren Jobs in der Jugendheimerziehung, Musikschule und ähnlichen verwandten Betätigungen landete ich doch als Lehrkraft in einer Hauptschule, zuerst als Vertretung einer erkrankten Kollegin, welche sich aufgrund ihres Burnouts in professionelle helfende Hände gab, um durch Ruhe und therapeutische Aufrüstung erneut Kraft zu tanken. Burnout ist unter der Lehrerschaft weit verbreitet, und wahrscheinlich eine der Hauptursachen für längere Krankheitsphasen oder frühzeitiges Ausscheiden aus dem Beruf.

Vielen schulfremden Menschen, oder denen, die Schulen nur als Schüler kennenlernen durften, ist überhaupt nicht klar, weshalb Burnout bei Lehrern überhaupt zustande kommt. Es gibt inzwischen Kliniken, die sich darauf spezialisiert haben, am Boden zerstörte und ausgebrannte Lehrerseelen wieder dienstfähig zu machen, bis zur nächsten Krise. Nur eine geringe Zahl an Lehrern schafft das Pensionsalter. Leider schafft es die Bezirksregierung nicht, die Ursachen abzustellen, und so lastet man (zu) engagierten Lehrern an, was eigentlich Schuld des Arbeitgebers ist. Man könnte vieles dagegen tun. Ich kann den Sachverhalt an dieser Stelle vielleicht ein wenig erklären.

Im Grunde ist Burnout bei Lehrkraft ausgelöst dadurch, dass wir Menschen vor Aufgaben stellen, in denen sie keinerlei Selbstwirksamkeit empfinden. Das Gefühl, nie ausreichend viel zu tun und immer ungenügend zu sein, vor allem ohne Wertschätzung, wird ständig an Lehrkräfte herangetragen. Man ist Sisyphos, nur, dass einem wöchentlich mehr Steine aufgeladen werden, bis man darunter zusammenbricht.

Den Sinn der Aufgaben versteht man oft nicht. Erst heute saß ich mit einer Schulleiterin zusammen, die ihre Nerven aufgrund einer anstehenden QA, einer schulischen Qualitätsanalyse, blank liegen hatte. Den Sinn einer schulischen QA versteht kein Mensch, denn wenn man die Lehrerschaft fragt, heißt es ausschließlich, man leide unter dem ungeheuerlichen zeitlichen Aufwand und Kraftakt, ohne dass ein praktischer Nutzen erkennbar wäre. Natürlich zeigt sich eine Schule der Überprüfung von ihrer besten Seite, doch hat das wenig mit der dauerhaft geleisteten Qualität zu tun.

Natürlich muss Schulentwicklung sein. Schulentwicklung ist dringend nötig. Doch muss hierfür die Schule ausreichend Kapazitäten haben, den Bedarf von innen heraus erkennen und Freiräume sowohl zeitlich als auch personell und materiell haben. Was wir tun ist, eine Schulentwicklung auf Kommando aufzuzwingen, ohne alle Grundlagen bereitzustellen. Es ist, als verlange ich vom Marathonläufer, sich während des Laufs schriftlich Gedanken über die Schönheit der Ausführungen seines Zielsprungs zu machen. Das Kollegium schreit: „Wir rennen doch, was wollt ihr noch von uns?"

Während vor Jahren noch die Aufgabe der Lehrkraft in Wissensvermittlung bestand, haben wir heute die Aufgaben verschoben. Die Arbeitszeit war vor wenigen Jahren noch gefüllt mit Vorbereitung von je nach Schulform bis zu 28 Stunden Unterricht in der Woche. Dazu kamen Aufsichten, Konferenzen, die Organisation von Ausflügen und Klassenfahrten. Fortbildungen und Elterngespräche hielten sich in Grenzen.

Heute wird der Aufgabenkatalog ergänzt mit einem riesigen Berg an Verwaltungsaufgaben und Dokumentationen. Alles muss dokumentiert werden, und mit allem meine ich tatsächlich alles. Wir dokumentieren, wann das Kind kommt, haben klare Handlungsketten, wenn es nicht kommt. Wir dokumentieren, was wir lehren, was das Kind macht, wie es sich verhält, welche Leistung es erbringt, und das täglich und stündlich. Wir dokumentieren Elternmitteilungen und Elterngespräche, ob Hausaufgaben zu erledigen sind, gemacht wurden oder nicht und wie, Briefe abgegeben, zurückgebracht, Geld für Milch oder Hefte abgegeben, mahnen und dokumentieren die Mahnung. Wir dokumentieren wer mit wem Streit hatte, wer sich verletzt hatte, das Verhalten auf dem Schulhof und wer wann auf Toilette war. Wir dokumentieren wer ein Pflaster aus dem Verbandskasten nimmt und wofür. Nicht, dass irgendwann jemals die Dokumentationen lesen würde. Man braucht das, um sich rechtlich abzusichern.

Aber nicht nur das: Städte sparen Putzstellen ein. Man putzt also noch Klassenzimmer oder streicht sie gar, desinfiziert (was man nicht dürfte, aber man tut es, denn sonst tu es keiner). Man hat Nachmittagsunterricht, Hausaufgabenbetreuungen. Die Kinder, meist aus Patchworkfamilien, haben ein viel größeres Päckchen zu tragen. Ein großer Teil leidet unter Armut in Teilfamilien, die nicht mehr über die Runden kommen. Man hat große Massen an Kindern mit fehlenden Sprachkenntnissen, aus fremden Kulturen, mit vollkommen anderen Erwartungen. Man hat eine große Masse an Kinder mit Entwicklungsstörungen und Verzögerungen, ohne diagnostisch und pädagogisch gewappnet zu sein.

Der Unterricht ist ausgelegt auf ein Norm- Mittelstandskind, doch das gibt es nicht mehr. Der Versuch, die Kinder daraufhin zurechtzubiegen, ist zum Scheitern verurteilt. Vom Lehrer und der Lehrerin wird das aber erwartet, was man laut Dienstauftrag auch wieder zu dokumentieren hat, und an dieser Aufgabe reibt man sich auf.

Hinzu kommt: Man wird mit Extremsituation konfrontiert und fühlt sich hilflos. Es sind kranke Kinder, die keine Hilfe erfahren, und für die man sich verantwortlich fühlt. Es sind Dilemmata, in die man täglich gesteckt und damit allein gelassen wird. Kinder bräuchten Schulbegleiter und bekommen keine. Wann meldet man Missstände, wann tut man etwas gegen Verwahrlosung, wann meldet man den Verdacht eines Kindesmissbrauchs? Wird man durch das Rechtssystem im Sinne des Kindes gestärkt oder erfährt man im Gegenzug, dass man sich selbst strafbar gemacht und dem Kind durch fehlende Beweisführung geschadet hat? Fälle schwerer Misshandlung sind heute keine Einzelfälle.

Während die Gesellschaft verlangt, der Unterricht müsse jedem Kind individuell angemessen erteilt werden, so wird von der Schulaufsicht erwartet, dass der Unterricht an jeder Schule in jeder Klassenstufe vergleichbar stattfindet, das heißt, Lehrerteams der Jahrgangsstufen müssen sich genau absprechen und jeden Test gemeinsam der Schulleitung vorlegen, um die Validität und Vergleichbarkeit zu gewährleisten. Die Bepunktung muss genau abgesprochen sein, alles muss juristisch hieb und stichfest sein, jede Kleinigkeit im Kollegium abgestimmt und besprochen. All das kostet Zeit und die pädagogische Handlungsfähigkeit geht darüber verloren.

Auf der einen Seite geht der Bedarf in Lebensraum Schule in vielen Bereichen weit über Unterricht hinaus. Der Lehrer soll eine Erziehung nachholen, die häufig zu Hause nicht mehr stattfindet. Die Eltern sind selbst nicht mehr in der Erzieherrolle, sondern in der des Partners.[17] Dafür erwarten sie von der Schule, dass Lehrer Aufgaben übernehmen, die Ursprünglich die ihren waren.

---

[17] Warum unsere Kinder Tyrannen werden. Michael Winterhoff. Gütersloh 2008

Man könnte so vieles tun: Ein Trainingsraum[18] könnte eingeführt werden, um Kindern die Möglichkeit zu geben, ihr eigenes
Handeln zu reflektieren, doch dieser müsste besetzt sein, und
das bindet Personal. Niemand bestreitet, dass solche Methoden
dringend notwendig sind. Es ist traurig, dass es dafür im System
Schule keine Kapazitäten gibt.

Eine Schulbücherei müsste geführt werden, Freizeitangebote
gestaltet, doch das alles gehört nicht zum Lehrerdeputat. Falls
es das an Schulen gibt, gestalten viele Lehrer diese Bereiche
ehrenamtlich on top, und erhalten, wenn es hoch kommt einen
feuchten Händedruck, und ansonsten die Rüge, man solle sich
um die eigentlichen Aufgaben kümmern.

Die Lehrkräfte sind nicht am Ende, weil sie zu faul sind. Es
ist oft der eigene Anspruch. Ich kenne eine Schulleitung einer
Förderschule persönlich, die es sich zur Aufgabe gesetzt hatte,
alle Schüler sollen mindestens einmal im Leben das Meer sehen.
Also wurden Gelder aufgetrieben, es wurden Busse gechartert
und man fuhr mit der ganzen Schule ans Meer. Ich brauche
jetzt den Grund des Ausscheidens dieser wunderbaren Schulleitung nicht erwähnen, man kann es erahnen.

Man könnte Lehrer damit entlasten, indem sie sich der Themen annehmen, denen ihr persönliches Interesse gilt, und Kindern ihre eigene Begeisterung für bestimmte Wissensgebiete
und Themen weitergeben, doch das ist nicht eingeplant. Somit
vergeudet man wichtige Ressourcen, die den Schulalltag für alle
entlastet und den Kindern Freude machen würde.

---

[18] Die Trainingsraum- Methode. Heidrun Bründel, Erika Si-
mon. Weihnheim 2013

Man müsste Lehrern Mitspracherecht einräumen, wo sie sich engagieren, anstatt von oben zu diktieren, was wer zu machen hat. Wer als Lehrkraft zigmal erlebt hat, dass positive Vorschläge für Verbesserungen oder die Abschaffung von Missständen ständig nur abgeschmettert werden, schweigt irgendwann.

Ich habe das tausendfach erlebt. Es ist nicht so, dass man für Vorschläge wertgeschätzt würde, sondern man wird dafür zurechtgewiesen, oder besser gesagt: Zurechtgestutzt. „Wo soll ich denn das Personal, wo das Geld hernehmen", heißt es dann. „Wie kannst du so etwas fordern?" Gleichzeitig soll man sich jedoch für Schulentwicklung engagieren, und das alles vergeudet unglaublich viel Kraft und Energie für wenig Veränderung und Verbesserung.

Häufig enden Stundenplanungen damit, dass Lehrer ständig fachfremd unterrichten müssen, sich in Bereiche einarbeiten, die sie nicht wollen und können. Ich kannte viele Mathelehrer, die mal eben Informatik in einer Oberstufe unterrichten mussten, obwohl sie froh waren, an einem Rechner den Einschaltknopf zu finden, die schwitzend einen Unterricht gestalten mussten, in denen Kinder ihnen meilenweit voraus waren.

Sich weiterzuentwickeln ist zwar für jeden notwendig, doch was ist wirklich zumutbar? Wo kann der Lehrer oder die Lehrerin selbst Schwerpunkte setzen und was wird ihm oder ihr aufgebrummt, ohne Rücksprache? Für viele führt so etwas zu einer immensen Arbeitsbelastung und Überlastung, um nicht zu sagen Überforderung.

Doch all das führt noch immer nicht zwangsweise zum Burnout. Es ist die Tatsache, dass der Lehreralltag keine zeitliche Begrenzung hat wie andere Berufe. Ein Großteil der Arbeit wird zu Hause getan, im Spagat zwischen Haushalt und Familie. Und was noch viel schlimmer ist: Man erfährt als Lehrkraft weder Dank noch Achtung. Man ist hilflos allen Angriffen ausgesetzt und erfährt keinen Rückhalt oder Wertschätzung.

Es findet zu wenig wertvolle Kommunikation statt. Diese erlebte Hilflosigkeit und Angst, ständig auch rechtlich belangt oder angegriffen zu werden, führt zum Burnout. „Als Lehrer steht man immer mit einem Bein im Knast" ist ein treffendes Bild heutzutage.

Einmal beschrieb mir eine Lehrkraft, sie fühle sich wie ein Musiker auf der Titanic beim Untergang. Man sieht den Untergang, man weiß darum, und man spielt trotzdem.

Ich versuche einmal, Lehrer und Lehrerinnen zu typisieren, wie sie mir in jedem Kollegium begegneten und die besonders vom Burnout betroffen sind. Meistens sind sie weiblich, deshalb erwähne ich sie in der femininen Form, Männer mögen es mir nachsehen:

❖ Die engagierte Junglehrerin, die fleißige Biene

Sie hat oft keine eigenen Kinder, oder Familie, arbeitet in der Hoffnung auf gute Beurteilungen oder einem dauerhaften Job bis zum Umfallen. Sie lebt für die Schule, kommt auch krank noch zum Unterricht. Solange sie sich wachhalten kann, unterrichtet sie. Wenn sie nicht unterrichtet, plant sie Unterricht, kopiert sie oder versieht einen dieser hunderte Sonderaufgaben, die es an der Schule gibt. Ansonsten bildet sie sich fort. Es gibt für sie nichts was erfüllender wäre als Schule. Hobbys und Familie hat sie nicht, denn dafür hat sie keine Zeit. Dafür profiliert sie sich bei den Eltern, indem Sie jedes Kind zum Schultor bringt, stets Bemühen zeigt, stets zum Gespräch mit Eltern über den Sprössling bereit ist und so tut als wäre das jeweilige Kind das wichtigste, das besonders Beachtung braucht. Bei anderen Kollegen ist sie oft unbeliebt, weil sie auf andere Kollegen herabblickt und so tut als sei ihr Engagement Normalität. Man würde niemals aus ihrem Munde Worte wie Work- Life- Balance vernehmen, oder dass es zu überdenken sei, dem Kollegium am Sonntag nachmittags zwanzig Dienstmails zu verschicken, in Erwartung, diese müssten am Montag morgens um halb 8 im Lehrerzimmer studiert sein und wörtlich wiedergegeben werden können. Ihr entgeht keine Konferenz, keine Dienstbesprechung, und sie ist stets zur Stelle, wenn es um extra Arbeit geht.

❖   Die kinderliebende gute Fee

Sie ist meist kräftiger Statur, ihre Hobbys sind Backen und Kochen für das Kollegium. Sie bastelt unermüdlich Geschenke für die Kinder. Sie vergisst keinen Geburtstag, verteilt liebe Sprüche und korrigiert jede Hausaufgabe mit Liebe und Sorgfalt. Sie liebt alle Kinder und ist mit großem Engagement Lehrerin. sie zeigt mit jeder Faser: Sie liebt ihren Beruf. Sie gibt all ihr Geld für Unterrichtsmaterialien aus, die Kinder lieben sie und hängen an ihr wie die Kletten. Sie ist geduldig und verständnisvoll. Ihr Klassenzimmer ist manchmal chaotisch, und viele Haufen Arbeitsmaterialien liegen herum. Doch in Abgrenzung zur fleißigen Biene sind ihre Ziele andere. Sie verströmt ihren guten Geist, wo immer sie sich in der Schule aufhält, verwöhnt andere und vergisst sich selbst vollkommen dabei.

❖   Die Erschöpfte

Sie ist ausgebrannt. Durchaus in Folge des Kontakts und der Zusammenarbeit mit vorher beschriebenen Exemplaren der Lehrerschaft, bricht sie irgendwann einfach weinend zusammen. Heulkrämpfe in Lehrerzimmern sind keine Seltenheit, auch nicht unter Schulleitungen. Bleich und mit glasigen Augen hängt sie in den Seilen, wartet mit müdem Blick auf das Ende des Unterrichts und schleppt sich dann wie ein Geist durch die Flure. Sie stöhnt über Mehrarbeit, als wolle ihr der Reaktor bei der Ankündigung eines elterlichen Telefonats die Besteigung des Mount Everests aufzwingen. Manchmal taucht sie nur noch tageweise in den Schulen auf. Sie wirkt verbraucht und vollkommen am Ende, aber sie schleppt sich noch so dahin, mehr weg als da, und zögert so die Zeit bis zur Pensionierung hinaus. Das alles tut sie nicht böswillig. Sie würde gerne, aber kann einfach nicht mehr, oder weiß einfach nicht mehr, wo sie anfangen soll. Der Berg an Arbeit ist einfach nicht mehr überschaubar. Deshalb verkriecht sie sich, hat resigniert, aufgegeben. Eltern beklagen oft, dass sie den Überblick verliert, Dinge vergisst, und werfen ihr viele Kleinigkeiten vor, die ihr einfach nicht mehr gelingen wollen. Die Erschöpfte weiß nicht mehr, wo ihr der Kopf steht.

❖ Die Ordentliche

Sie zieht ihre Kraft aus der Einhaltung der Ordnung. Sie macht alles genau nach Vorschrift, reißt sich jedoch nicht um extra Arbeit im Kollegium. Sie erwartet auch von Kindern, dass sie Ordnung wahren, ihr Maßstab ist die Genauigkeit der Ausführung von Anordnungen, und sie kennt alle Regeln. Änderungen sind ihr ein Graus. Sie tut was getan werden muss, und nicht mehr. Meist überlebt sie am längsten. Sie ist täglich in der Schule, tut ihren Dienst. Sie arbeitet mit allergrößter Beharrlichkeit, aber für Entwicklung und Veränderung hat sie wenig Sinn. Wenn es darum geht neue Konzepte zu erarbeiten, könnte man eher einen Berg abtragen als sie überzeugen, dass eine Änderung bisheriger Gewohnheiten Vorteile bringt. Sie wehrt sich gegen alles. Auch gegen den Wechsel eines Klassenraumes. Oder gegen eine neue Pausenregelung. Oder gegen das Erstelleneiner Klassenarbeit, die sich vom Test der letzten zehn Jahre unterscheidet. Oder gegen ein neues Schulbuch. Die Zusammenarbeit mit ihr ist anstrengend.

❖ Die Resignierte

Diese Spezies im Lehrerzimmer lässt alles laufen, wie es kommt. Ob Kinder Regeln einhalten oder nicht, sie geht den Weg des geringsten Widerstandes und plätschert wie der Bach zwischen den Steinen hindurch. Pädagogische Geschlossenheit ist für sie ein Fremdwort. Sie geht zu Konferenzen und nickt, um Kräfte zu sparen. Während die Ordentliche offen zementiert, grinst die Resignierte, denkt sich „redet nur, ich mache alles wie immer" und lässt die Dinge laufen. Für ein Team kann die Resignierte anstrengend werden. Sie hält sich einfach nicht an Absprachen und macht kein Aufheben darum. Spricht man sie darauf an, gibt es oft Protest, denn ihre Methode ist es, alles abzustreiten.

❖ Die kreative Kämpferin

Sie bringt Sturm und Chaos in die Schule. Es gibt keine Konferenz, bei der sie nicht neue Ideen einbringt, während andere nur seufzend die Uhr im Auge haben. Sie will alles ausdiskutieren. Bei vielen Kolleginnen ist sie deshalb wenig geschätzt, ständig ist sie dabei zu experimentieren, lässt Kindern Lernfreiräume, und nimmt achselzuckend hin, dass Dinge in die Hosen gehen. Man lernt durch Scheitern ist ihre Devise. Das Ergebnis muss nicht klar sein, denn der Weg ist das Ziel. Sie probiert gern neues und hasst starre Regeln und Rituale, aber sie bringt den Laden eigentlich voran. Bei Kollegen ist sie deshalb unbeliebt, weil diese Ruhe und Ordnung wollen, und nicht täglich eine neu erfundene Schule, mit der sich alle auseinandersetzen müssen.

❖ Der sachliche, zurückhaltende Kollege

Dieser Kollege, häufig männlich, ist die umgesetzte Dienstordnung schlechthin. Emotional auf dem Stand eines gut funktionierenden Gefrierfachs macht er, was ihm aufgetragen wird, nicht mehr, aber auch nicht weniger. Alles prallt an ihm ab. In Konferenzen hört man nur sein zufriedenes Grunzen, oder man weiß nicht, ob er schläft oder wach ist. Er sitzt da mit verschränkten Armen. Da er sich niemals aus der Ruhe bringen lässt, mögen ihn die Eltern. Aber wirklich weiterkommen kann man mi ihm auch nicht. Solange die Schulleitung keine Dienstanweisung ausspricht, hält er die Füße still. Erwartet man von ihm Mitarbeit, ist er krank, denn er reagiert sehr empfindlich auf Ansprache.

Nun, sicherlich gib es noch mehr, doch fand ich genau die oben beschriebenen Kolleginnen oder Kollegen an allen Schulen. Ein Lehrerzimmer ist dadurch oft ein Kriegsschauplatz. Die momentan in ihrer Kraft stehenden Kollegen werfen denen vor, die nicht mehr können, dass sie wegen derer Schwächen Mehrarbeit machen müssen.

Wie oft tröstete ich weinende Kolleginnen, die schwanger zur Schule kommen, wegen Übelkeit nicht mehr können und dann von der Kollegin oder gar Schulleiterin angemault werden. Ich kann nur jeder Kollegin raten: Bleibt gleich daheim und lasst euch krankschreiben, tut Euch diese Schmach nicht an.

Was wir im Grunde absolut nötig hätten, wäre an jeder Schule die Möglichkeit zu Supervision, eine Begleitung der Teams, um Kräfte sinnvoll zu vernetzen und konstruktiv nutzen zu können.

Kollegiale Fallberatung ist nicht möglich, wenn die Teams nicht zusammenarbeiten können. Schule ist ein zu sensibler Ort. Im Grunde wäre das Wichtigste, dass alle Räder im Getriebe reibungslos funktionieren, um den Motor an Erziehung und Unterricht in Gang zu halten, doch das tut er nirgends.

Räder sind gebrochen, Speichen fehlen, hier fehlt Öl, da sind Räder heiß gelaufen und dort leckt der Motor. Im Grunde zerstört der Motor sich selbst, weil alle gegeneinander arbeiten. Am besten klappen die Abläufe noch, wenn alle so tun als sei alles in bester Ordnung, doch die Kräfte der Zerstörung wirken im Verborgenen. Es wird gelästert, ignoriert, Informationen vorenthalten, Schüler gegen Kollegen aufgehetzt. Aber dazu später mehr.

Den ersten Klassenunterricht nach dem ersten Staatsexamen erteilte ich vertretungsweise an einer Grundschule. Ich wurde in Vertretung angefordert, als Feuerwehr, um kranke Kolleginnen nach Bedarf zu ersetzen. Es war im Grunde das Gegenteil dessen, was man im Studium getan hatte. Zeit für Vorbereitung gab es nicht. Man bekam morgens den Anruf, man müsse kommen, Frau x sei krank. Dann eilte man zur Schule, weder wissend um den Unterrichtsstoff noch mit irgendeiner Planung in der Tasche. Man holte die vollkommen fremden Kinder oft vom Schulhof in den Klassenraum, sah im Klassenbuch nach, was zuvor unterrichtete worden war und versuchte spontan in Türschwellenpädagogikmanier daran anzuknüpfen. Was sollte man auch anderes tun.

An einem Tag hatte ich aufgrund eines Staus und mehrerer Krankheitsfälle vier Klassen gleichzeitig zu betreuen. Ich verschaffte mir den Schlüssel zu der angrenzenden Turnhalle, fand dort ein Klavier vor und beschäftigte die Kinder mit Gesang und Bewegung, bis Hilfe kam.

Meine erste Schule mit längerem Einsatz war eine Hauptschule an der holländischen Grenze. Ich wurde stets von Ferien zu Ferien eingestellt, dazwischen war ich arbeitslos. Am ersten Schultag nach den Ferien wurde man dann zum Schulamt zitiert, um den nächsten Vertrag zu unterschreiben. Das Geld kam meist erst 4 Monate später. Es war zwar lästig, weil man warten musste und nicht wusste, wie man das Benzin für sein Auto noch bezahlen sollte, aber irgendwann kam dann eine große Überweisung und man konnte das Konto wieder decken.

Die Klasse war wild und monatelang ohne kontinuierliche Begleitung gewesen, drohte jedoch wissenstechnisch so zu verwahrlosen, dass die Versetzung der Schüler fraglich war. Es ist immer schwer und undankbar, Klassen zu übernehmen, da man stets verglichen wird mit der vorherigen Klassenlehrerin. „Die Frau Soundso macht das aber anders" wird einem bei jeder Gelegenheit vorgehalten.

Zu Beginn lachten die Kinder los, wenn ich etwas sagte, da mich mein Akzent leider als Schwäbin auswies und die Kinder das furchtbar lustig und nachahmenswert fanden. Sie äfften mich nach und grölten währenddessen. Ich fand dieses Verhalten sehr verletzend, und man stelle sich vor, ich hätte einen Schüler mit fremdländischem Akzent derart nachgeäfft, ich hätte meine Sachen packen dürfen und brauchte niemals wiederkommen, die Bildzeitung hätte mich dann zum Interview gebeten und meine Geschichte von München bis Hamburg gedruckt. Ich hätte niemals mehr als Lehrkraft arbeiten dürfen und wäre als Rassistin in die Annalen eingegangen.

Natürlich kamen auch Eltern zur Schule, die sich bei der Schulleitung beklagten, wie jemand wie ich Deutschunterricht erteilen könne.

Es gab auch Kollegen, die sich mit nachäffender Stimme täglich im Lehrerzimmer über mich lustig machten. „Na, Frieda, gab es wieder Seitenbacher Müsli?" Beim ersten Mal konnte ich mich noch zu einem müden Lächeln durchringen, aber irgendwann packte mich der Zorn. „Sei doch nicht so empfindlich", hieß es dann. „Dann rede ich mit dir gar nicht mehr." „Ist besser so, hast du ja eh nie," antwortete ich schnell und ging.

Wie gut ich Menschen verstehen kann, denen es einfach nur auf die Nerven ging, aufgrund irgendeines Merkmals, sei es einem fremdländischen Äußeren oder eines besonderen Namens, gefragt zu werden, wo sie herkommen.

Viel Unterstützung im Kollegium hatte ich ansonsten auch nicht. Die Kollegen hatten damals noch ein Raucherzimmer, in das sie bei jeder Pause strömten. Man suchte sich also in der Pause einen freien Stuhl durch den dichten Nebel hindurch und versuchte zu atmen. Bis man sich zurechtgefunden hatte, um einen Kollegen derselben Klassenstufe ausfindig zu machen und um Themen abzusprechen oder Material auszutauschen, war die Pause um.

Ich kämpfte mich durch, und als es nach einigen Wochen endlich Freude machte, die Klasse zu betreten, kam die Klassenlehrerin aus ihrer Reha zurück. Sie hatte für jedes der 36 Kinder ein Säckchen genäht mit einem Handgeschriebenen individuell ausgewählten Spruch und einem Glücksstein. Die gute

Fee war zurück. Mir schenkte die Klasse zum Abschied eine Hundeskulptur, einen Schäferhund aus Plastik in Lebensgröße.

Nach dieser Erfahrung bekam ich eine Stelle an einer Förderschule. Es war eine Klasse 8, sechzehn mehr oder weniger niedrigbegabter verhaltenskreativer Jugendlicher. Es war auch eine dieser Stellen, für die man Verträge erhielt, die jeweils bis zu den Ferien reichten, dazwischen war man arbeitslos. Auch diese Kollegin war langzeiterkrankt.

Im Lehrerzimmer hatte ich das Gefühl, man schaute auf mich herab, war ich doch keine fertig ausgebildete Sonderpädagogin. Die Blicke sagten mir „Mal sehen, wie lange sie es macht". Sonderpädagogen sind eine Gruppe Lehrer, denen meist ganz bewusst ist, dass Sie die Königsklasse aller Lehrer verkörpern. So verhalten sie sich auch in gemischten Lehrerkollegien. Sie sind oft nicht zur Zusammenarbeit oder zur Beratung des Kollegiums bereit, sie lassen sich nicht in die Karten schauen und machen sich unersetzbar.

Die Kinder an der Förderschule waren freundlich und lieb. Jede Bösartigkeit lag ihnen fern. Es kam wohl vor, dass Streitigkeiten handfest ausgetragen wurden, doch die Kinder waren ehrlich, direkt und ohne Hinterhalt. Ich fühlte mich schnell wohl in der Klasse. Als Lehrerin einer Förderschule hat man den Vorteil, dass man die Kinder ganztags um sich hat. Man unterrichtet Kinder, nicht Fächer. So ist Projektarbeit möglich, man arbeitet, solange die Kinder zur Mitarbeit in der Lage sind und unterbricht, wenn die Konzentration nachlässt. Der Tagesablauf ermöglicht individuelles Vorgehen.

Meist wird morgens ein ruhiger Gesprächskreis gemacht. Man erfragt persönliche Befindlichkeiten und kann herausfinden, was die Kinder bewegt oder belastet. Dasselbe macht man am Ende des Tages. Man interessiert sich dafür, was die Kinder schwer oder leicht fanden, was sie besonders angesprochen oder weitergebracht hat und wo noch Fragen offen sind. Somit bekommt man Rückmeldung und ist im ständigen Austausch.

Dazu hat eine Regelschule keine Zeit. Kinder in der Förderschule brauchen jedoch besonders viel Beziehung. Das bieten zu können, ist sehr schön und befriedigend für die Lehrpersonen, denn man begleitet die Kinder über Jahre hinweg und weiß vieles über die Familiensituationen, die Besonderheiten der Kinder kennt man besser als Lehrer an Schulen, in denen Fachunterricht erteilt wird und man am Ende des Schuljahres froh ist, wenn man die Namen der Kinder kennt. Den Eltern ist dieser Vorteil oft nicht bewusst, wenn es um die Wahl einer Schule für ihr Kind geht.

Es spukt das Hirngespinst von Sonderschule durch die Gesellschaft, eine Stigmatisierung, welche im Grunde völlig falsch ist. Es gibt viele Schulen für Kinder mit sonderpädagogischem Förderbedarf, welche vollkommen „normale" Schulabschlüsse anbieten oder auch den Unterstützungsbedarf im Laufe der Zeit aufheben.

Förderschule ist ein Schonraum, der nicht zu unterschätzen ist. Ich hatte das Vergnügen, mit einem Kommilitonen zu studieren, der an einer Sprachförderschule war, und einem blinden Mädchen, das einige Klassen an einer Blindenschule zubrachte.

Es war keineswegs ein Hindernis für diese jungen Menschen, beide sahen ihre Förderschule als große Hilfe an.

Einerseits wächst ein Kind an den Anforderungen, und manchmal schafft ein Kind mit Förderbedarf Lernen an einer Hauptschule eher den Hauptschulabschluss als an einer Förderschule, und doch ist der Vorteil einer engen Beziehung zur Lehrperson für die Kinder nicht von der Hand zu weisen, die im Integrativen Klassensystem völlig überfordert sind.

Die politische Forderung von Inklusion für alle geht völlig am Bedürfnis des Kindes vorbei, und dogmatisieren und politisieren ist hier einfach falsch. Viele Kinder gehen in großen Klassenverbänden unter, in denen sie das intellektuelle Schlusslicht bilden, ohne Vertrauensperson, die das Kind eng begleitet und auch Mobbing und Überforderung verhindert.

Ich hatte auch schon Kinder gesprochen, die nach einer inklusiven Grundschulzeit gefordert haben, an eine Förderschule wechseln zu können, an der sie ihresgleichen finden und nicht immer auffallen. Eltern sind darüber nicht selten entsetzt. Man sollte in aller Ehrlichkeit das Wohl des Kindes gut im Auge haben bei dieser Entscheidung, nicht nur die Wünsche der Eltern.

Ein weiterer Vorteil der Förderschulen ist tatsächlich die kleinere Klassengröße, die weit bessere Ausstattung und die Möglichkeit, Kinder individueller zu fördern und den Klassenunterricht angepasst an die Bedürfnisse der Kinder zu gestalten. Hilfsmittel werden eher akzeptiert und genutzt. Für Kinder, die sich schnell ablenken lassen, ist die Betreuung enger, die Möglichkeit reizärmere Lernumgebungen zu schaffen eher gegeben.

Es gibt pädagogische Maßnahmen bis hin zu Therapien, die dem Kind helfen, sich zu regulieren, wo eine Regelschule im Grunde nur Sanktionen kennt, die völlig wirkungslos verpuffen. Ich kann einem Kind, das sich nicht regulieren kann, nicht immer mit derselben Sanktion, nämlich dem Ausschluss aus dem Unterrichtsgeschehen (dem es eh nicht folgen kann) begegnen, denn was soll ich einen Fisch strafen, wenn er nicht auf einen Baum klettert, oder den Regenwurm, weil er nicht fliegt? Es wird nicht fruchten.

Eine Förderschule, die tiergestützte Pädagogik anbietet, Trainingsräume hat oder andere Konzepte, Entspannungsräume nutzt, Rituale, die dem Kind helfen, und die überhaupt gewillt ist zu sehen was mit dem Kind los ist und im Morgenkreis den Sorgen der Kinder Raum gibt, ist eher in der Lage, schwierige soziale Probleme aufzufangen, die eine große Rolle spielen.

Die Gefahr für Kinder mit sonderpädagogischen Förderbedarf, an einer Regelschule nur „mitgeschleppt" zu werden, ohne die Förderung zu erhalten, die dem Kind zusteht, ist groß. Im Grunde war das Gesetz, das jedem Kind das Recht auf einen inklusiven Platz gibt, einzig einem Zweck dienlich, nämlich den Sparmaßnahmen der Regierung.

Eine Förderschule zu unterhalten ist teuer. Ein Konzept, wie Inklusion denn aussehen soll, lag nämlich nirgends vor, und das Abordnen einzelner Sonderpädagogen an Regelschulen ist angesichts des tatsächlichen Bedarfes für die Kinder der Tropfen auf den heißen Stein. Einen Regelschullehrer bringt die Beschulung von Kindern mit besonderen Bedürfnissen häufig an den

Rand der Verzweiflung, weil einfach nicht der Rahmen gegeben ist, der nötig wäre.

Für mich war die Erfahrung, in einer Sonderschule unterrichten zu dürfen, absolut ernüchternd, besonders was den Gedanken an die Umsetzung von Inklusion betrifft.

Mir gefiel die Arbeit mit diesen Kindern, ich ging darin auf. Wir bauten Planetensysteme nach, der Unterricht machte mir große Freude. Wir arbeiteten in den Hauptfächern, aber auch in Kunst und Musik. Wir hatten dabei auch viele lustige Begebenheiten.

In Biologie gab eine längere Einheit Aufklärungsunterricht. Ich mühte mich, die Fortpflanzung des Menschen den Jugendlichen näherzubringen, deren Erfahrungen aus Pornofilmmaterial mit biologischem Wissen zu ergänzen.

Ich erläuterte anschaulich die weiblichen und männlichen Fortpflanzungsorgane, nutze Bilder und Modelle aus Plastik, zeigte die Entwicklung eines Menschenkindes im Mutterleib in Film und Bild. Als nach sechs Wochen die Einheit abgeschlossen werden sollte und ich die Kinder bat, doch noch einmal ihre Fragen loszuwerden, begann Murat zu weinen. Er schluchzte immer lauter auf mein Nachfragen und brachte dann stoßweise den Grund seiner Verzweiflung hervor: „Ich habe noch gar nicht meine Tage." Dadurch wurde mir klar, dass ich die Vermittlung meiner Inhalte doch noch etwas auf den intellektuellen Stand der Kinder herunterbrechen musste, was die größte Kunst war.

Es gab an der Förderschule ein teures, aber bei Kindern sehr beliebtes Projekt, das „Babyprojekt". Es sollte dazu dienen, frühe Elternschaft bei den Kindern zu verhindern. Die Mädchen bekamen computergesteuerte Puppen, die ermöglichten, ein (hoffentlich) erst später eintretendes Mutterdasein zu simulieren. Die jungen Mädchen sahen die Puppen, die kleinen Höschen, Strampler und die süßen Söckchen und waren hin und weg. Die Augen glänzten und alle wollten begeistert so ein Kindlein haben. Sie bekamen einen Kinderwagen dazu, die Erstlingsausstattung und mussten von nun an für drei Tage und Nächte für das Kindlein sorgen, begleitet und angeleitet von einer Lehrkraft.

Die Puppen benahmen sich wie echte Kinder, das Programm war in verschiedenen Schwierigkeitsstufen anpassbar. Unsere Mädchen erhielten das einfachste, das Programm „pflegeleichter gesunder Säugling". Die Babys mussten gewickelt und gefüttert und in den Schlaf gewiegt werden. In der ersten Nacht versuchten schon zwei der Mädchen das Kind zu töten. Eine drückte die Puppe unter Wasser, die andere schüttelte das Kind zu Tode. In der zweiten Nacht versuchte ein Mädchen ihre Puppe mit einem Kopfkissen zu ersticken. Wir erhofften uns, durch die Erfahrung würden die Mädchen vom frühen Muttersein Abstand nehmen. Ich stellte mir vor, wie groß die Gefahr für Gewalt am Kind war, wären diese Mädchen tatsächlich allein mit einem Säugling.

Erschreckend war für mich auch der offenkundig niederschmetternde soziale Hintergrund der Schülerinnen und Schüler. Es zeigte sich an vielen Dingen, dass die Kinder einer Welt entstammten, welche unseren Politikern und auch uns Lehrern, die über das Schicksal dieser Kinder entscheiden, vollkommen fremd ist. Allein die soziale Herkunft unterscheidet sich so stark von den meisten Kindern der Regelschule, dass es eine große Aufgabe ist, die Schwierigkeiten, die daraus resultieren, aufzufangen.

Aus der Klasse 1 musste ein dunkelhäutiges kleines Büblein in die Reittherapie gefahren werden. Die Kinder saßen hinten im Wagen, plapperten und lachten. Der Weg führte am örtlichen Bordell vorbei. Entzückt rief der Junge aus: „Das ist der Club von meinem Papa". Wir Betreuer sahen uns entsetzt an. „Da darf ich auch immer mit hin. Die Frauen machen da so AAAAAAH" und der Junge ahmte so realistisch Geräusche kopulierender Menschen nach, dass wir zum Schutz der mitfahrenden Klassenkameraden der Schilderung Einhalt gebieten mussten.

Was dieser Junge mit seinen sechs Jahren zu sehen bekam, wollte ich mir nicht vorstellen. Wo bleibt da der Schutz der Kinder, wenn es für den Vater offenkundig vollkommen normal war, dass er ein sechsjähriges Kind mit ins Bordell nahm? Was wird dabei für ein Frauenbild vermittelt? Und dann die wichtigste Frage: Was sollten wir damit tun? Nun ist ein wichtiger Punkt an dieser Schule die Wahrung des Vertrauensverhältnisses zu den Eltern.

Ein Thema an der Schule war auch die Ernährung der Kinder. Es ist beileibe nicht so, dass allen Kindern gesunde Nahrung zur Verfügung stünde. Viele hatten verschimmelte Brote in den Taschen oder einfach nur billige Süßigkeiten. Ein sich im Wachstum befindlicher Körper braucht qualitätsvolle Nahrung, auch für die Gehirnentwicklung. Wenn der Insulinspiegel bei diesen Kindern hinauf und hinunter rauscht, ist an Lernen oft nicht zu denken. Cola in der großen Pause ist bei sechsjährigen auch nicht die Lösung, und Infoblätter über Ernährung nutzt bei Eltern wenig, die nicht deutsch sprechen und/oder nicht lesen können, oder die beim Stichwort frisch kochen das Öffnen einer Raviolidose vor Augen haben.

Die örtliche Kirchengemeinde engagierte sich und wollte allen Kindern gesundes Frühstück zur Verfügung stellen. Man erwarb Brötchen, einfachen Goudakäse, Wurst und Gurken, ein wenig Obst und machte mit den Klassen ein gemeinsames Frühstück.

Die Kinder prügelten sich nicht nur einmal, weil der Nebensitzer zwei Scheibchen Wurst nahm, wo jeder nur eines haben sollte, und es gab Futterneid wie in einem Rudel Hunde. Es war davon auszugehen, dass die meisten Kinder zu Hause kein Frühstück gegessen hatten, wenn sie aus dem Haus gingen.

Viele Kinder waren nicht dünn. Sie waren dickleibig und litten trotzdem an Mangelerscheinungen. Von Chips und süßem Eistee kann man wohl die Fettspeicher auffüllen, wird träge und der Körper neigt zu Entzündungen, aber den Nährstoffmangel deckt man damit nicht.

Natürlich brauchte man auch nicht lange nachhaken, wenn es bei Schilderungen in Morgenkreisen darum ging, dass Kinder am Wochenende oder Abend Videospiele spielten oder Filme sahen, welche nun absolut nicht jugendtauglich waren. Aufklärungsschriften zu verteilen bei Eltern, die selbst nicht des

Lesens mächtig waren, führen eben selten zum Erfolg. In diesen Familien waren die Kinder oft sich selbst überlassen. Mit Videospielen und Fernseher wurden die Kinder ruhiggestellt. Stundenlanges Zocken war die Freizeitbeschäftigung schlechthin. Es ist und bleibt eine Aufgabe, Kindern Freizeitbetätigungen anzubieten, welche der Entwicklung förderlich sind, und eine nicht geringe Menge an Kindern hat leider daran keinen Anteil.

In manchen Familien entwickelt sich auch ein gewisses kriminelles Potential. Während meiner Tätigkeit an der Förderschule wurde mehrfach eingebrochen und die Computer mit den darauf gespeicherten Zeugnissen wurden entwendet. Datensicherheit ist ein großes Thema, so etwas ist ein Fiasko. Zum Glück hatten sich die jungen Diebe so dämlich angestellt, dass man sie ausfindig machen konnte, und Geschick bezüglich der Datenverarbeitung hatten sie bis dato auch nicht bewiesen, so dass der Schaden begrenzt werden konnte.

Der Rektor der Schule zog sich daraufhin auch mit Burnout zurück, was ich sehr schade fand. Er war sehr engagiert und hatte ein großes Einfühlungsvermögen in Kinder und Lehrer. Wahrscheinich wurde er deshalb krank.

Die Pflege von Musikkultur wäre eine sinnvolle Beschäftigung für viele Kinder und Jugendliche. Aufgrund der Tatsache, dass durch den vollen Ganztag an Grundschulen der Musikunterricht an Musikschulen so gut wie zum Erliegen kam, entschied ich mich, nun richtig in den Schuldienst einzusteigen und das zweite Staatsexamen in Angriff zu nehmen. Ein Auskommen durch Musikunterricht wäre für mich nicht möglich gewesen, also stellte ich mich dem Referendariat.

Wenn ich darüber nachdenke, dass zu meiner Kindheit jede Stadt eine subventionierte Musikschule betrieben hat, Kirchen und Vereine in jedem Dorf für alle bezahlbare sportliche und kulturelle Teilhabe ermöglicht hat, frage ich mich, warum wir von Inklusion sprechen und gleichzeitig alle Förderungen für Kinder und Jugendliche streichen, ohne Alternativen anzubieten. Wir sparen unser Bildungssystem zu Grunde. Teilhabe an Kultur darf nicht nur privilegierten Reichen vorbehalten sein.

Was hätten wir gebraucht? Was wäre hilfreich gewesen?

> ➤ *Intensivere Zusammenarbeit aller Institutionen,*
die mit Kindern tätig sind
> > ➤ *Ansprechbarkeit von Jugendämtern*
> > ➤ *Engere Vernetzung von Schutzprojekten*
> > ➤ *Viel mehr Elternarbeit, Mitwirkung und Beratung*
> > ➤ *Mitspracherecht der Lehrkräfte*
bei der Gestaltung ihrer Aufgabe
> > ➤ *Förderung kultureller Angebote für alle Kinderund*
> > *Jugendliche*

LEHRJAHRE SIND KEINE HERRENJAHRE ODER

„EINE LEHRKRAFT MUSS PERFEKTES HOCHDEUTSCH SCHPRESCHEN"

Ich wurde für mein Referendariat einer Realschule in der Nähe zugeteilt. Da in NRW, wo ich nun lebte, nicht wie in Baden-Württemberg Grund- und Hauptschullehramt kombiniert wurde, sondern Sekundarstufe 1, also Unterricht bis zur Klasse 10 für alle Schulformen, erlangte ich durch dieses Referendariat die Lehrerlaubnis auch für Real- und Gesamtschulen, und zwar für die Fächer Musik, Deutsch und evangelische Religion.

Das Fach Deutsch hatte ich bislang am wenigsten intensiv studiert, deshalb gedachte ich die Auseinandersetzung mit dem Fach während meines Referendariats zu intensivieren, um besser gerüstet zu sein für die Anforderungen des Schulalltags, doch das war ein Fehler, wie sich später herausstellen sollte.

Von mir war es naiv, offen zu kommunizieren, wo ich für mich Wissenslücken sah, anstatt das anzubieten, was ich bereits gut konnte. In der Theologie hätte ich mir leichter gute Beurteilungen holen können, als mit meinem Dialekt in einem fremden Bundesland, in dem ich auffiel, sobald ich nur „Guten Morgen" sagte.

Ich startete meine Ausbildungszeit bei einer ausgesprochen netten Mentorin, welche leider den Erschöpften Kolleginnen zugehörte, was dadurch ersichtlich war, dass sie häufig fehlte. Zumeist montags und freitags glänzte sie durch Abwesenheit aufgrund ihrer Migräne. Ich möchte niemand etwas unterstellen, aber ich hätte voraussagen können, wann diese Migräne auftrat.

Ich übernahm dann ihren Unterricht, doch mir fehlte die Anleitung, die Nachbesprechung der Stunden. Im Grunde, so sagte sie mir später, hatte sie auch nie verstanden, was die Fachleiter sehen wollten und nach welchen Kriterien sie Stunden beurteilen, so gesehen war ihre Beratung ohne Zweifel erfolglos. Es gab zwar eine Liste mit Beurteilungskriterien, doch die waren so diffus wie dichter Nebel.

Dienstags war mein Seminartag, den ich am Schulpraktischen Seminar verbrachte, mit Theorien über Unterrichtsvorbereitungen. Man hatte Lehrproben abzuliefern, und bekam zu diesem Zwecke von den Fachleitern an der jeweiligen Schule Besuch. Man bekam Literaturlisten, deren Studium durch den Erwerb der Lektüren hunderte Euro verschlang, die man von dem niedrigen Einstiegsgehalt nicht hatte. Besonders lustig war, wenn man Bücher zu lesen hatte, die es seit Jahren nicht mehr gab. Zudem fehlte die Zeit für das Literaturstudium in diesem Umfang.

Am auffälligsten war bereits in den ersten Wochen, dass die Theorie des Studiums und die Praxis meilenweit auseinanderklaffen. Im Studium lernte man, wie wichtig es sei, dass das Kind mit all seinen Sinnen handelnd neue Lerninhalte dargeboten bekäme, und Anregungen, sich auf verschiedene Weise mit einem Lerngegenstand aktiv auseinanderzusetzen.

Verschiedene Lerntypen müssten bedient werden. Pestalozzis Lernen mit Kopf, Herz und Hand wurde durch viele pädagogische Strömungen nach ihm bestätigt.

Ganzheitliches Lernen war in aller Munde. Multisensorisches Lernen wird bis heute erforscht. Und was macht die Schule? Zu 99 Prozent sehen wir Frontalunterricht aus Büchern, Binge learning mit allen Ausreden der jeweiligen Lehrkräfte. „Frieda, ich habe das Fach eine Stunde in der Woche. Ich muss mit dem Lehrplan durchkommen. Wir müssen Tests schreiben, wie stellst du dir das vor?"

Man lernte also, wie es gehen sollte und warf im Alltag wieder alles über den Haufen. „Versuche in Biologie und Physik, dazu haben wir keine Zeit," sagten die Lehrer. „Wir müssen den Lehrplan schaffen. Wir haben doch nur 45 Minuten. Bis der Versuch aufgebaut ist, ist die Stunde um."

Man kommt motiviert von der Hochschule und fragt sich, wozu forschen Pädagogen und Hirnforscher, wenn sich dann doch an Schulen nichts ändert und unterrichtet wird wie vor hundert Jahren. Ludus Latinus, aber wozu?

Jedem Menschen wird doch klar sein, dass er die Dinge aus seiner Schulzeit mühelos erinnert, die bleibende Eindrücke hinterlassen. Dazu gehören außerschulische Lernorte, Erlebnisse, Gegenstände, die wir als Kinder gebaut haben ... Man muss kein Pädagoge sein, um zu wissen, dass ein Besuch im Wald mit erteilten Aufgaben vom Förster zu bestimmten Themen mehr Eindruck hinterlässt als eine Abbildung in einem Buch. Warum gehen wir dann nicht mit den Kindern in den Wald?

Anfangs waren die Fachleiter geneigt, uns Honig ums Maul zu schmieren, wie man so schön sagt. „Wir wollen nur ihr Bestes, wir sind nur beratend tätig, um ihre Entwicklung zu fördern und die Qualität des Unterrichts zu sichern." Das jedoch, was wir an Ausbildungsschulen und Vorbildern vorfanden, war erbärmlich.

Fakt war, man wurde bewertet, aussortiert, klein gemacht. Ich habe noch jede Lehrprobe vor mir, als sei sie gestern gewesen. Man bereitete sich so intensiv vor, gab den Kollegin die Vorarbeit zu lesen, mühte sich, fragte nach Verbesserungsvorschlägen, schlief nicht mehr des Nachts, weil man grübelte, ob man dies oder jenes ändern sollte.

Das Hauptproblem war: Man hatte keinen Erwartungshorizont, keine Kriterien, nach welchen diese Lehrproben beurteilt wurde. Man war vollkommen der Willkür der Fachleiter ausgesetzt und natürlich auch des Rektors, der leider in meinem Falle wenig Wohlwollen zeigte.

Rektoren sehen immer nur, was nicht gut war. Sie nehmen meist nicht wahr, was Lehrer tun oder was sie Positives erreicht haben. Ich meine damit, dass sie häufig Referendare überhaupt nicht zu Gesicht bekommen. Man macht seinen Unterricht, und solange sich keiner beklagt, ist man unsichtbar. Kommen aber Eltern, um sich beispielsweise zu beklagen über irgendeine Kleinigkeit, bekommt das für den Rektor eine große Gewichtung.

Wenn wir im Studium an der Hochschule die Willkür der Bewertungen von Klassenarbeiten durch Versuche belegten, wenn im Feldversuch sogar eine einfach Mathearbeit mit scheinbar klar definiertem Punktevergabesystem durchaus Differenzen von 3 Noten aufwiesen, wie willkürlich wurden dann Lehrproben bewertet? Und die Fachleiter gaben sich der Illusion hin, als sei das alles objektiv bewertbar und messbar, was unfairer und sinnloser nicht hätte sein können.

Ich bin grundsätzlich für Kritik offen. Ich finde Kritik nützlich und wichtig im Sinne von „Was kann ich anders machen", „Was könnte effektiver sein", „was könnte ich stattdessen tun". Kritik im Sinne von „Das war gar nichts" oder „Sie müssen sich aber noch stark verbessern" nutzt wenig, wenn man nicht weiß, was man konkret verbessern soll. Würde man mit Kindern so umgehen, wie die Fachleiter mit den Referendaren, wäre man sofort durchgefallen.

Im Referendariat sah das konkret so aus, dass die Fachleiterin eine zu eng geführte Unterrichtsform bemängelte. Daraufhin bereitete ich ein Stationenlernen vor, eine offene Unterrichtsform, doch da wusste sie nichts mehr von ihrer vorherigen Vorgabe, die Unterrichtsform sei zu offen. Ich wusste einfach nie, was sie von mir wollte, verstand die diffuse Kritik nicht, das krampfhafte Suchen nach Momenten des Scheiterns.

Was war daran motivierend? Was hatte diese Lehrprobe mit der Qualität von Unterricht zu tun, wenn die Realität so aussah, dass man morgens gesagt bekommt, für welches Fach man fachfremd einspringt, weil die Kollegin xy krank ist, und man oft täglich ohne Vorbereitung spontan fremde Kinder betreut, was man dann Unterricht nennt? Am besten zwei Klassen gleichzeitig?

Auch für die Lehrerkollegen und Kolleginnen waren Fachleiter der Schrecken schlechthin. So hatte ich einmal eine Lehrprobe in einer Oberstufe zu halten und wählte hierfür eine Kurzgeschichte, auf Anraten meines Mentors, der in der Klasse auch Klassenlehrer war. Er hatte mir geraten, die Geschichte sei wundervoll geeignet, und absolut ideal für eine Lehrprobe, und er habe noch das passende Arbeitsblatt dazu, das nähme er immer, das sei gut strukturiert und absolut überzeugend.

Die Lehrprobe nahte, es lief gut, die Schüler arbeiteten mit, die Stunde verlief flüssig. In der Nachbesprechung rümpfte die Fachleiterin die Nase und sagte schnippisch: „Die Geschichte ist vom Niveau her viel zu leischt für eine Klasse Zehn. Das ist inhaltlisch total verfehlt, und das Arbeitsblatt geht GAR NISCHT, das können Sie in der Klasse 7 verwenden." So sprach sie, und der Deutschlehrer, der mir das Thema samt Arbeitsblättern vorgegeben hatte, nickte zustimmend und fügte an: „Das habe ich ihr gestern auch gesagt." Wie armselig war dieses Statement! Er hätte doch für mich als junge Kollegin Partei ergreifen können, er als Beamter kurz vor der Pensionierung. Ihm hätte keiner das Examen aberkannt.

Von mir erfordere jeder Tag des Referendariats mehr Selbstbeherrschung ein. Ich wollte weinen und schreien und toben, doch all das hätte nichts genutzt. Ich hasste auch die Kollegen, die sich griesgrämig im Lehrerzimmer um Kleinigkeiten stritten. Es war eine Zickerei wie im Kindergarten.

Es begann schon damit, dass man als Neuling ein Lehrerzimmer betrat, sich an einen freien Platz setze, und eine Kollegin zur Tür hereinstürmte und keifte „Da ist mein Platz, Frau Kollegin, was erlauben Sie sich." Man könnte meinen, dass es schmerzt, wenn man sich an den freien Platz daneben setzen müsste.

Dann ging man auf die Kaffeemaschine zu, neben der in jedem Lehrerzimmer in einem Regal ein Sammelsurium an unterschiedlichsten Tassen steht, die ein jeder irgendwann beim Ausmisten im heimischen Küchenschrank gefunden hat. Im Normalfall ist das kein Geschirr von Rosenthal aus dem Neunzehnten Jahrhundert mit Goldmalerei, eher Steingut ohne Henkel, mehr oder weniger bunt. Man nimmt sich die erstbeste, und wird entrüstet angeblafft: „Das ist meine Tasse, die können sie nicht nehmen. Da ist ein Bild aus Australien drauf, wo ich vor zwanzig Jahren war, das ist eine bleibende Erinnerung." Augenrollend stellt man dann das bereits rissige und in die Jahre gekommene Gefäß wieder zurück und bringt am nächsten Tag eine eigene mit, außer ein Kollege erbarmt sich und ruft: „Nimm doch die vom Jens, der ist heute nicht da." Die Lust am Kaffee ist einem aber dann vergangen. Bin ich zu empfindlich?

In den meisten Lehrerzimmern steht Schokolade auf dem Tisch und Unmengen an Unterrichtsmaterial. Viele Kollegen sehen das als Einladung, sich vollkommen ungefragt zu bedienen. Man legt sich Obst auf den Tisch, dreht sich um- weg. Es gibt Dinge, die legt man am besten nicht aus der Hand.

Bei solchen Umgangsformen hat man im Grunde schon genug. Man möchte am liebsten aus dem Gebäude laufen oder im Boden verschwinden.

Eine Kollegin erarbeitete mit den Schülern unter unfassbarem Aufwand ein Musical, bei dem ich auch mitwirkte und sie bei den Proben unterstützte. Die Kinder erlebten beim Einstudieren dieses Musicals den Fortschritt ihrer Bemühungen. Es war wunderbar zu beobachten, wie viel Großartiges im Team erreicht werden kann, die Kinder wuchsen über sich hinaus, bekamen Applaus.

Es erfordert unglaublich Mut, auf der Bühne zu stehen, und es war für viele ein einmaliges Erlebnis. Sie setzten sich mit Musik und Text auseinander, reiften an diesem Projekt umfassend in ihrer Persönlichkeit. Es war eine sehr wertvolle Erfahrung.

Die bösartigen gehässigen Bemerkungen der Kollegen waren abscheulich angesichts dessen, dass sie mit den Kindern so vieles erreichte und keinen Dank bekam. Ihre Bemühungen wurden meist als Störfaktor betitelt, weil man eigentlich hätte einen Test schreiben wollen oder irgendetwas angeblich wichtigeres mit den Schülern zu tun gehabt hätte. Von manchen schwang sicherlich auch Neid mit.

Der Schule brachte das Projekt großes Renommee ein, die Zeitungsartikel geizten nicht mit Lob, aber der Umgang der Lehrerkollegen miteinander war erbärmlich, wenn sie maulten, dass Überstunden gemacht werden mussten, da Helfer für den Kartenverkauf fehlten.

Wie sollten wir Kinder zu Teamplayern erziehen, wenn es im Lehrerzimmer so zuging? Genau an diesem Punkt hätte es Supervision gebraucht. Eine Schule, ein Team braucht

Unterstützung bei der Zusammenarbeit und dafür Zeit und Raum. Es geht nicht von allein. Schule ist noch lange kein Ort für Menschlichkeit.

Wie unmenschlich es zuging, zeigt die Geschichte eines Kollegen im Referendariat, und sie ging mir besonders nahe. Er war Referendar und hatte bereits zwei kleine Kinder. Die Ehefrau war an Krebs erkrankt und lag im Sterben. Er erbat sich vom Seminar Zeit, die Frau pflegen zu dürfen und bis ans Ende zu begleiten, er wollte das Referendariat unterbrechen. Es wurde ihm nicht bewilligt. Man erwartete von ihm, dass er Lehrproben hielt, während seine Frau im Sterben lag und er zwei Kinder zu begleiten hatte, die dabei waren ihre Mutter zu verlieren.

Ich selbst wurde während des Referendariats schwanger. Nach einer besonders anstrengenden Lehrprobe, in der meine Deutschdozentin rief „Eine Lehrkraft muss perfektes Hochdeutsch Schpreschen, ihr Dialekt geht gar nischt, nein, dat ist eine Zumutung" hatte ich eine Fehlgeburt. Mittwochs verlor ich das Kind, und am nächsten Tag, am Donnerstag war ich wieder in der Schule. Krank zu sein hätte ich nicht gewagt.

Das Referendariat war furchtbar anstrengend, und die meisten meiner Kolleginnen und Kollegen sagten, hätten sie gewusst was auf sie zukommt, sie hätten es nicht angefangen. Es waren eineinhalb harte Jahre voller Mühen und Stress.

Es war nicht das Pensum oder die Arbeit, es war auch nicht die Arbeit mit den Kindern. Es war das Ausgeliefertsein, die Unehrlichkeit, von „Beratung" zu reden und mit dem Stift in der

Hand zu entscheiden, ob alles umsonst war. Ich sah hervorragende Lehrer und wunderbare Kollegen durchfallen aus Gründen, die nicht nachvollziehbar waren. Man fühlte sich hilflos auf ganzer Linie.

Menschen tragen Entscheidungen über dein Fortkommen, die von deiner täglichen Arbeit nichts wissen. Sie sehen den Ausschnitt einer Prüfungssituation und prüfen Menschen, die so aufgeregt sind, dass sie zwei und zwei nicht zusammenzählen können. Wozu sollte das gut sein?

Ich hatte in solchen Nachbesprechungen von Lehrproben stets eine völlige mentale Blockade und konnte weder formulieren, was ich hätte tun wollen, oder beabsichtigt hatte in meiner Stunde- es ging gar nichts mehr.

Ich wurde im Referendariat abermals schwanger. Unsere Tochter sollte zwei Wochen nach dem Examen zur Welt kommen, es hätte perfektes Timing sein können. Für mich hieß das, dass ich freiwillig auf Mutterschutz verzichtete, täglich hochschwanger in der Schule arbeitete und beantragte, die Prüfung abschließen zu dürfen. Ich war keinen Tag krank.

Natürlich wurde dem stattgegeben, dass ich auf Mutterschutz verzichtete und stattdessen arbeiten ging. Zwei Tage vor dem angesetzten Prüfungstermin wurde die Prüfung abgesagt, aus völlig unerfindlichen Gründen. Es hieß, es seien verwaltungsrechtliche Belange. Ich durfte erst nach dem Erziehungsurlaub, ein Jahr später, die Prüfung ablegen. Während des Erziehungsurlaubs   hatte   ich   600   Euro   im   Monat

Krankenversicherung zu bezahlen, und erhielt 80 Euro im Monat Erziehungsgeld.

Das Studium hatte uns auch eines beigebracht: Das Leben kreativ mit Nebenjobs zu managen. So war ich auch jetzt in der Lage, durch Nebenjobs mein Leben zu finanzieren und mich über Wasser zu halten, mit Kind.

Als ich wieder mit dem Referendariat startete, war inzwischen mein Prüfer in Rente, mit dem ich das Examen vorbereitet hatte, die Klassen waren nicht mehr da und ich hatte 6 Wochen Zeit, um mit fremden Klassen und Kleinkind eine Prüfung vorzubereiten.

Unsere Tochter war täglich bis Mitternacht wach und turnte durch die Wohnung, da sie im Kindergarten schlief, danach konnte ich anfangen zu lernen. Um 7.30 Uhr öffnete sich die Tür des Kindergartens, um das Kind entgegenzunehmen, um 8 Uhr läutete die Schulglocke, dazwischen lagen 25 km Rushhour durch die Stadt und Stau auf einem Autobahnkreuz. Es hieß für mich, jeden Morgen zu bangen, ob ich pünktlich wäre, ich rollte in der letzten Sekunde täglich schweißgebadet auf dem Lehrerparkplatz ein und hechtete im Dauerlauf zur Klasse.

Auch dabei war ich mir vollkommen sicher, dass die Schulleitung notiert hätte, wenn ich einen Tag zu spät gekommen wäre, aber nicht die 99 Tage, an denen ich pünktlich war. So schaffte ich mit Müh und Not das Zweite Staatsexamen.

Wenn ich im Nachhinein überlege, welche Fähigkeiten eine Lehrkraft braucht, ist das schwer zu beantworten, denn jeweils wichtige Fähigkeiten stehen sich komplementär gegenüber. Wie hätte ich sein müssen, um eine gute Lehrerin zu sein?

Die Lehrerin braucht einerseits feine Antennen für soziale Prozesse, muss duldsam wie ein Esel, aber auch ausgesprochen konsequent und durchsetzungsfähig sein.

Sie muss eloquent sein und dennoch alle zu transportierende Inhalte kindgerecht reduzieren können.

Sie braucht enormes Fachwissen, muss aber auch Schwierigkeiten beim Erfassen eines Sachverhaltes erkennen.

Die Lehrerin braucht Geduld und Freude im Umgang am Menschen, jedoch nicht zu viel, damit sie die nötige professionelle Distanz wahren kann.

Eine Lehrkraft ist ein ernster Krisenbegleiter, der zuhören kann, und dennoch als Alleinunterhalter begeistern und Menschen mitreißen kann.

Eine Lehrkraft muss selbst interessiert sein an der Gesellschaft, Menschen lieben, aber nicht zu interessiert, dass sie Vorgaben nicht in Frage stellt.

Sie soll Schule aktiv gestalten, sich aber nicht äußern. Sie wird auf Duldsamkeit hin selektiert, muss aber Freigeister erziehen.

Sie soll Kinder mit allen Fehlern annehmen, wie sie sind, liebevoll fördern, aber gleichzeitig selektieren und bewerten, aber stets fair sein.

Sie soll pädagogisch motivieren und geschickt sein, aber stets exakt dokumentieren und verwalten und sich an Vereinbarungen halten.

Als Religionslehrerin brauche ich einen festen Glauben, Gottvertrauen, darf das jedoch nicht zeigen.

Ich muss politisch auf der richtigen Seite stehen, muss aber stets neutral sein.

Ich muss engagiert sein, aber nur im vorgegebenen Rahmen.

Ich muss, was meine Werte und Glaubenssätze angeht, einen gesunden und festen Stand haben, muss aber große Toleranz üben bei allem was mir entgegengebracht wird.

Ich glaube, es wird aus der Aufstellung deutlich: Solche Lehrerpersönlichkeiten gibt es nicht.

Was hätten wir gebraucht? Was wäre hilfreich gewesen?

➢ *Lehrproben abzuschaffen*
➢ *Coaching*
➢ *Sinnvolle Vorbilder in Schulen zu etablieren*
➢ *Kleinschrittige Anleitung in der Praxis*
➢ *Supervision im Kollegium von außen*
➢ *Zeiten für Planung und Austauschs*
➢ *Flexibilität und Transparenz in der Ausbildung*

ENDLICH LEHRERIN ODER

WAS HAB ICH DA GETAN

Nun könnte man meinen, als fertige Lehrerin sei man verbeamtet und alle Sorgen los, man könne nun durchstarten, die Schule ruft, der Rubel rollt. Weit gefehlt. Zu Beginn wurde ich angestellt, und ich war zwei Monate über der Verbeamtungsgrenze. Ich musste mich in den Beamtenstatus einklagen. Dass man auch hier Monate auf das erste Gehalt warten musste, war völlig normal. Meine Schule hatte zu diesem Zwecke einen Fond, den man zur Not in Anspruch nehmen konnte, um sein Auto tanken zu können oder nicht zu verhungern.

Ich bekam die Stelle in der Brennpunkthauptschule unseres Ortes zugewiesen. Es war ein altes Schulhaus aus den fünfziger Jahren. Meine russische Kollegin Olga raufte sich immer die Haare und klagte theatralisch: „Also in Rrrrussland chabe ich Schule so erwartet, aber das chat in Deutschland so scheußliche Schule, ich chabe niecht gedacht." Olga war eine meiner liebsten Kolleginnen, die leider aufgrund von „Burrnout", wie sie sagte und das u dabei betonte, schwer erkrankte und aus der Schule verschwand.

Auch das ist ein Punkt, den ich unfassbar traurig finde. Wenn wir uns als Kolleginnen und Kollegen umeinander kümmern, wie kann es sein, dass Menschen einfach verschwinden und keiner mehr fragt? Es keinen lieben Gruß gibt, keine Anfrage nach dem Befinden?

Noch gab es an dieser Schule keinen vollen Ganztag. Eine Kollegin war in den Sommerferien pflichtbewusst nach Abgabe der Zeugnisse mit Anfang fünfzig an einem Herzinfarkt verstorben (sie war eine gute Fee gewesen) und somit war eine Stelle frei.

Ich übernahm die Klasse 5c. Meine Klasse bestand aus zwanzig Schülerinnen und Schülern. Sechzehn davon hatten Migrationshintergrund aus verschiedensten Nationen, ein Junge war Sohn des hiesigen Ortspolizisten, der sich vom ersten Tage an sehr verhaltenskreativ zeigte, ein Mädchen ohne Migrationshintergrund hatte die Diagnose Legasthenie, und ein schlanker Knabe kam mit der Diagnose ADHS. Im Grunde konnte man sagen, entweder hatten sie Migrationshintergrund oder Diagnosen oder beides. Die Klasse hatte Potential, den Schultag spannend zu gestalten.

Inzwischen, so muss ich sagen, litt die Schule unter enormem Renovierungsrückstau, und vor allem unter gewissen hygienischen Mängeln. An meinem ersten Tag, an dem ich die Schule betrat, prangte an der Eingangstür ein großer grüner Rotzfleck. Der war nach Jahren, als ich die Schule verließ, immer noch zu sehen. In acht Jahren eine Eingangstür zu putzen, durch die Eltern zur Schulanmeldung kamen und Lehrer täglich ein- und ausgingen, hätte möglich sein müssen.

Es gab einen Dienst, die an dieser Schule absolut unbeliebt war, das war die Toilettenaufsicht. Man sollte meinen, dass Hauptschüler ab der Klasse 5 wissen, wie man eine Toilette benutzt. Es war jedoch notwendig, die Toiletten zu beaufsichtigen, um Vandalismus, Zerstörung oder absolut ekelerregende Verschmutzung zu verhindern. Auch das Rauchen im Klo oder der Aufenthalt größerer oder gar kleinerer geschlechtergemischter Gruppen war nicht erlaubt und von der Aufsicht zu verhindern.

Also hatten Lehrer in den Pausen vor der Toilette zu stehen und das Treiben zu kontrollieren. Es stank wie die Pest. Ob die alten Rohre defekt waren, wir wissen es nicht, jedenfalls war die Geruchsbelästigung unerträglich und führte tatsächlich zu Würgereiz. Wer an den Toiletten vorbei musste, hielt die Luft an. Hatte man Aufsicht, war das natürlich nicht möglich. Nicht nur ich hätte dem Bürgermeister von Herzen gegönnt, dort einmal eine Besprechung abhalten zu müssen, ich wüsste gerne, wie lange er es geschafft hätte.

Die Klassenzimmer waren schmuddelig, die Fenster schmutzig. Es roch nach dem Schweiß pubertierender Kinder und nach Kreidestaub. Ich testete einmal mit einem Kreidestrich am Boden, ob geputzt worden war. Nach vier Wochen war der Kreidestrich immer noch da.

In meinem Klassenzimmer gab es einen Wasserhahn, doch es kam kein Wasser heraus. Unser Hausmeister war Grieche, und als solcher huldigte er intensiv dem Gott Dionysos, was ihn davon abhielt solche Unzulänglichkeiten abzustellen- oder er vergaß es einfach, ich weiß es nicht. Nach wochenlanger Bettelei, er möge bitte den Wasserhahn reparieren, damit ich mir die Hände waschen könnte, wedelte ich in letzter Verzweiflung mit einer Weinflasche aus dem nahen Supermarkt, und am nächsten Tag floss das Wasser.

Meine Aufgabe als Klassenlehrerin fand ich anfangs ausgesprochen schön. Ich mochte die Kinder. Sicher waren viele nicht die hellsten Leuchten am Weihnachtsbaum und manche haderten mit der deutschen Sprache, aber es waren zum größten Teil liebe, nette Kinder, deren Start vor allem durch das Elternhaus nicht unter einem optimalen Stern stand, und das trat mehr und mehr zu Tage.

Als Klassenlehrerin hatte ich die Aufgabe, die Kinder regelmäßig ins Schwimmbad zum Schwimmunterricht zu geleiten. Vielen tat auch der Kontakt mit Wasser aus hygienischen Gründen ausgesprochen gut, und man kontrollierte als Lehrkraft besser die Farbe der Füße, bevor es der Bademeister tat, um die Kinder ohne viel Aufmerksamkeit zu erregen in die Dusche zurückzuschicken.

Ich hatte für diese Aufgabe weder die nötige Schwimmdidaktik-Unterweisung (man braucht in System Schule für alles eine Fortbildung oder einen Schein), noch den Rettungsschwimmer. Zum Glück war noch ein Sportlehrer mit dabei. Von einer Verweigerung dieser Aufgabe wurde mir abgeraten, es hieß es sei meine Pflicht, die Klasse zu begleiten, Dienstanweisung geht vor.

Ich stand also mit meiner Gruppe zum ersten Mal im Bad und es wurde gefragt, wer denn Schwimmen könne. Ein zierliches türkisches Mädchen, Asel, antwortete wahrheitsgetreu: „Ich weiß es nicht, ich probiere mal". Sie stellte sich, die anderen Schülerinnen nachahmend, auf einen Startblock und sprang mutig hinein. Wir sahen ihr nach, wie sie unterging und zu Boden sank. Der Sportlehrer sah mich an. Wir warteten.

Luftblasen stiegen auf, doch das Mädchen machte keine Schwimmbewegung. „Gehst du, geh ich?" Er sah mich an, nickte und hechtete mit elegantem Kopfsprung hinter Asel her, packte sie am Haarschopf und zog sie an die Luft. Wild prustend schrie sie: „Hilfe, Frau Koch, Hilfeee…. ein Mann hat mich berührt .. Pffff!" Brüllend trat sie um sich.

Ab da unterrichtete ich Asel im Nichtschwimmerbecken, sie erlernte das Schwimmen und nahm später sogar erfolgreich an Wettbewerben teil. Asel hatte leider ein schweres Schicksal, da ihre Mama regelmäßig zu Hause verprügelt wurde, und sie eines Wintertages in einer dramatischen Aktion auf Socken und im Nachtgewand mit einem kleinen Geschwisterchen im Arm auf die nächste Polizeistation und von dort aus ins Frauenhaus flüchten musste. Dort hin schickte ich dann auch die Hausaufgaben in den nächsten Wochen, aber das wäre ein eigenes Buch wert.

Mein erster Klassenpflegschaftsabend nahte. Vor mir saßen zwei türkische Mütter. Ansonsten war keiner gekommen. Beide waren keines deutschen Satzes mächtig. Ich sollte die Lehrwerke vorstellen, den Lehrplan erklären und Klassenvertreter für die Schulversammlung wählen, doch da saßen Murats und Deryas Mutter mit ihren Kopftüchern auf den Kaugummibeklebten Stühlen vor den kreativ geschnitzten und bemalten Tischen ihrer Kinder mit fragenden Blicken und verstanden kein Wort.

Ich war verzweifelt. Wie sollte das gehen? Zum Glück hörte ich draußen Murat über den Schulhof toben. Ich rief ihn herein, und er musste übersetzen, weil meine Kommunikationsversuche mit Händen, Füßen und Tafelmalereien nicht ausreichten.

Es hieß zwar, es gäbe zu diesem Zweck Übersetzer, die man anfordern konnte- doch muss ich gestehen, ich habe in meiner jahrzehntelangen Laufbahn noch nie einen zu Gesicht bekommen. Meist übersetzen die Kinder.

Als ich ein Jahr später Mehmets Vater überzeugen musste, dass sein Sohn in einer Förderschule besser aufgehoben war, und Mehmet selbst übersetzen musste, stand ich vor einem Problem. Mehmet, so viel war mir bekannt, hatte panische Angst vor seinem Vater, der recht temperamentvoll auf Mehmets Untaten reagieren konnte. Die Erziehung gestaltete sich bei Mehmet zu Hause im wahrsten Sinne des Wortes handfest. Liebevolle, geduldige Gespräche gehörten nicht zum pädagogischen Repertoire des Vaters. Jetzt galt meine Sorge der Gesundheit Mehmets, und auch ich wollte das Gespräch unbeschadet überstehen.

„Also Herr Yalcinkaya, schön dass Sie gekommen sind." Er strahlte. „Möchten Sie gerne Tee?" Er setzte sich, zustimmend grunzend. „Sie haben ein wunderbares Kind. Mehmet ist so in freundlicher, lieber Junge, es ist eine Freude, ihn zu unterrichten." Er strahlte immer noch und lehnte sich zurück. „Mehmet ist fleißig und lernt gut". Noch war der Vater zufrieden.

Nun ging es ans Eingemachte, ich brauchte eine Pause. „Er benötigt ein klein wenig Hilfe in Mathematik, im Rechnen. (Die letzten 3 Arbeiten waren 6) Und im Schreiben und Lesen müssten wir ihm auch ein wenig helfen. Herr Yalcinkaya, es gibt eine ganz wunderbare Schule, die ihrem Sohn viel besser helfen kann, diese Dinge zu verstehen." Ich drückte ihm den Antrag auf Sonderpädagogische Unterstützung in die Hand. „Es wäre toll, wenn Sie da unterschreiben könnten. Wir wollen doch beide das Beste für ihren Sohn, wir wollen ihm doch beide helfen… " Ich hob wie zum Gebet die Hände und lächelte milde.

Er schaute mich mit großen Augen an. „Mehmet nix gut?" fragte er und schaute Mehmet drohend an, der immer tiefer im Stuhl versank. „Mehmet ist ein ganz wunderbarer Junge", entgegnete ich mit sanftester Stimme. „Er braucht Hilfe." Ich zeigte auf den Strich auf dem Antrag, der unterschrieben werden sollte und sagte „bitte, nicht schimpfen."

Er blickte mit zusammengekniffenen Augen auf den Antrag, und zeichnete auf den Strich ein großes Kreuz. „Danke Herr Yalcinkaya, nun gehen Sie mit Mehmet eine große Portion Fritten essen, er ist so ein liebes Kind." Ich streichelte Mehmet über den Kopf, er übersetzte alles mit ängstlich zittriger Stimme. Kopfnickend entschwanden die beiden dem Klassenraum. Am nächsten Tag hatte Mehmet große Mühe zu sitzen, ich konnte ihm aber nicht entlocken, weshalb.

Es vergingen wenige Wochen, da erkrankte die Hauswirtschaftslehrerin, also hieß es, ich solle eine Klasse 9 in Hauswirtschaft übernehmen. „Was, du hast keine Hauswirtschaft studiert? Das bisschen kochen wirst du doch wohl können, als Frau………, das bekommst du schon hin," sprach mein Chef und zwinkerte mir zu. Das Kollegium gibt die schrecklichsten Klassen gern an Neulinge ab, und so musste ich mich meiner Aufgabe unter hämischem Grinsen der Schulbelegschaft annehmen.

Ich lernte die Klasse kennen. Es war ein lautstarker Haufen pubertätsgesteuerter Jugendlicher, deren Verhalten gut in eine Horde Gorillamännchen gepasst hätte, die um eine brünstige Affendame buhlten, während der Silberrücken fehlte. Ich fühlte mich leider gar nicht wie ein Silberrücken.

Zuerst gab ich mich verständnisvoll, als mir eröffnet wurde, Biogemüse sei gar nicht tragbar, sie wollten (morgens um 8) Hähnchenschenkel zubereiten, die müssten aber halal sein. Sie würden nur verzehren was halal beim türkischen Metzger erworben worden sei. Seufzend marschierte ich (eingefleischte Vegetarierin) dann morgens um 7 zum türkischen Metzger und erwarb halal Hühnerfleisch, man gibt sich ja Mühe.

Erst war die Meute zufrieden, sie aßen die knusprig gebratenen Gebeine mit Pommes Frites, doch als es ans Spülen ging, begann Dragan zu meutern. „Ich putze nicht, das sollen die Weiber tun."

So eine Aussage brachte mich auf die Palme. Ich ging auf ihn zu, drohte, ihm eine 6 auf dem Zeugnis zu geben und ihn vom Kochen auszuschließen, schließlich werde er für die Arbeit benotet und nicht dafür, dass er isst, und in Folge ergriff er ein Messer, das noch auf der Anrichte lag.

„Alte, lass mich in Ruhe, oder ich stech dich ab." „Komm doch, mach. Auf, oder bist du zu feige?" Wenn ich einmal wütend war, hielt mich auch nichts mehr auf. Wir starrten uns an, er von oben, da er mich um eine Haupteslänge überragte, ich von unten. Dann warf er zornig das Messer neben mir auf den

Boden und stapfte davon. Ich hob es auf und fragte „Und wer spült jetzt?" Es war Totenstille im Raum.

In der Pause erzählte ich den Vorfall der Schulleitung. Der junge Mann wurde ausgerufen, ins Rektorat zitiert und die Mutter angerufen, die sofort kommen musste. Im Gefolge der Mama und vor den Mitschülern war im Beisein der Schulleitung eine Entschuldigung fällig, und es gab drei Tage Schulverbot.

Danach stand der junge Mann täglich auf dem Lehrerparkplatz und wartete, bis ich kam, um mir die Tasche zu tragen. Er folgte mir ab da wie ein Schatten, betonte er sei nun mein Beschützer und achtete darauf, dass mir bei der Hofaufsicht keiner zu nahekam. Rannte ein Schüler beim Fußballspiel bedrohlich auf mich zu, packte er ihn am Kragen, zog ihn in die Luft und drohte mit düsterer Stimme „Wallah".

Als ich später einmal mit den Schülern an einer Demo teilnehmen musste, zu der der Bürgermeister die ganze Schulgemeinschaft eingeladen hatte, und ich unsere kleine Tochter im Buggy vor mir herschob, sprach mich ein Polizist an. „Gute Frau, halten sie sich fern von diesem Pack. Das ist gefährlich mit dem Kind. Sie sollten sich hier nicht aufhalten." Antwortete ich wahrheitsgetreu: „Warum? Das sind meine Schüler." Er blickte mich mitleidig an, murrte „Oh weia" und zuckte mit den Schultern.

Die Hauswirtschaftsklasse betreute ich weiter. Nachdem ich allerdings meine Schüler nachtmittags im Mac Donalds getroffen hatte, wo halal kein wichtiges Attribut mehr war, beschloss ich, mich nicht mehr ins Bockshorn jagen zu lassen. Es gab nun auch Gemüsesuppen und gesunde Vollwertkost. Auch ich lernte dazu.

Die Klassen 5 planten einen Schulausflug. Ich wollte mit meiner Klasse zum nächsten Tierpark fahren und fand, so ein Ausflug sei eine nette Abwechslung, zumal die meisten Schüler noch nie einen Tierpark von innen gesehen hatten. Vorsorglich bereitete ich die Schüler darauf vor, was ich von ihnen erwartete. „Ihr dürft die Tiere nicht beunruhigen, ihr sollte nicht rennen oder schreien, es darf kein Tier gefüttert werden." Wir sprachen tatsächlich zwei Stunden lang darüber, was angemessenes Verhalten bei so einem Ausflug bedeutet.

Ich hatte zwei Wochen vorher die Eltern über mein Vorhaben informiert und sammelte 5 Euro für den Bus ein. Es benötigte zwar viele Mahnungen und Versuche, tägliche Abfragen und Einträge in die Hausaufgabenhefte, doch am Tag der Abfahrt hatte ich beinahe von allen Kindern das Geld für Bus und Eintritt. Emily fehlte noch, also streckte ich es vor. Die Kinder durften nun gemeinsam mit dem Bus zum Tierpark fahren und sollten dort eine Rallye in Kleingruppen machen, bei der sie Fragen zu den Tieren beantworten mussten. Wir verabredeten einen Treffpunkt, an dem die Ergebnisse verglichen werden sollten.

Die Kinder waren gerade eine halbe Stunde im Park unterwegs, da wurde ich von einer Mädchengruppe gerufen. „Die Lisa, schnell die bekommt keine Luft mehr". Die Mädchen rannten voraus, ich rannte quer durch den Park hinter den Mädchen her. Lisa sah ich schon von weitem, sie lag am Boden vor dem Kamelgehege und rang nach Luft. Die Mitschülerinnen erzählten, dass Lisa schweres Asthma hätte. Darüber hatte ich keine

Information. Ich suchte panisch in ihrer Tasche ein Asthma-spray und fand tatsächlich ein Spraydöschen, doch das war leer.

Ein Mädchen machte mich währenddessen auf eine Telefon-nummer in Lisas Tasche aufmerksam und so rief ich eilig Lisas Vater an, um ihm mitzuteilen, dass ich nun den Notarzt rufen wollte, während Lisa immer mehr keuchte und röcheln jam-merte, sie spüre ihre Beine nicht mehr. Der Vater rief durchs Telefon „Ach, das ist nicht so schlimm, kein Notarzt, ich komme und wir fahren zum Arzt. Wir kennen das, keine Sorge. Kommen Sie zum Ausgang, ich bin gleich da." Wie sollte ich nun mit dem Kind quer durch den Park zum Ausgang kommen?

Die rettende Idee nahte. Es war eine Frau mit einem Buggy, die auf uns zu schlenderte, darin saß ein fröhlich grinsender Zweijähriger und mümmelte an einer Brezel. Ich riss mit „Ent-schuldigen Sie, ich brauche kurz ihren Buggy" das Kind aus dem Wagen, zog Lisa hinein und rannte mit ihr zum Ausgang. Dort legten wir Lisa ins Gras und warteten auf den Vater. Die Situa-tion wurde immer dramatischer. Ich hatte keine Erlaubnis den Notarzt zu rufen, doch die Minuten vergingen. Sowohl das Kind als auch ich hatten große Not, und alle Versuche, sie in eine bequemere Position zu bringen, brachten ihr keine Erleichte-rung.

Eine halbe Stunde später tauchte der Vater endlich auf. Ich war mit den Nerven am Ende, inzwischen hörte ich die Durch-sage: „Frau Koch, kommen Sie bitte zum Affengehege!" Lisa war im Wagen des Vaters, und so rannte ich zum Affengehege. Dort saßen eine Gruppe Affen mit Lollis in den Bäumen, was mich nun doch verwunderte. Die Kinder hatten Lollis in die Gehege geworfen und lachten nun hysterisch schreiend über den Anblick der Affen mit den Lutschern. Um es kurz zu machen, wir flogen im hohen Bogen aus dem Tierpark und bekamen Hausverbot. Ich schämte mich in Grund und Boden, die Stimmung war am Boden. So endete also unser erster Ausflug.

Geknickt trafen wir wieder in der Schule ein. Die erste Kollegin, der ich begegnete, rief über den Flur: „Naaaa, so ein Ausflug ist doch mal etwas erholsames." "Mhm", mehr brachte ich nicht hervor, lief ins Rektorat und erzählte unter Tränen dem Rektor, was passiert war, und dass ich Angst um Lisas Leben hatte. Er lachte mich aus. „Ach komm, die Familie kennen wir. Wenn eines der Kinder hops geht, machen sie das nächste." Ich war entsetzt.

Ich muss leider der Geschichte anfügen, dass es nicht Lisas letzter Anfall war. Es wiederholte sich bei jedem Schulausflug, bei jedem Sportfest. Wir holten danach jedoch gleich den Notarzt, der zur Freude der Kinder mit dem Hubschrauber eintraf. Immer war das Spray leer, und es war die jährliche Attraktion, wenn Lisa ihre Anfälle bekam, bis der Rektor entschied sie von Sportveranstaltungen auszuschließen.

Einige Wochen später fanden wir heraus, weshalb Emily den Schulausflug nicht bezahlen konnte. Die Mutter war alleinerziehend, seit mehreren Wochen im Krankenhaus und hatte uns nichts gesagt. Das Kind war allein zu Hause und erbettelte mittags immer beim Imbiss in ihrer Straße Fritten. Was für eine furchtbare Lage für ein Kind! Wir mussten das Jugendamt einschalten und Emily zog vorübergehend zu ihrer Tante. Ursache, weshalb sie nichts gesagt hatte, war ihre Katze gewesen. Sie wollte die Katze nicht alleine lassen.

An unserer Schule wurde der volle Ganztag eingeführt. Alle Kinder hatten nun bis in den Nachmittag hinein Schule. Es hieß, die Kinder konnten in der Schule essen, und die ärmeren Kinder bekamen es bezahlt. Es gab jedoch keine Mensa. Es gab auch keinen Aufenthaltsraum, und das war ein Problem. Man bestellte Essen bei einem örtlichen Caterer. Der lieferte dann Töpfe, man stellte Tische auf den Hof und gab von da aus Essen an die Schüler aus. Die Kinder hatten keine Plätze, um zu sitzen, sondern liefen mit den Tellern auch im Regen auf dem Hof herum.

Im Grunde ist so etwas kein Zustand. Man kann keinen Ganztag einführen, wenn nicht geklärt ist, wo die Kinder sich aufhalten können. Natürlich machten sich viele unerlaubt auf zum nächsten Supermarkt und holten dort Chips und gesüßten Eistee, da das Essen des Caterers so abgrundtief schlecht war, dass es schon nach wenigen Wochen keiner essen mochte. Ich bin nicht anspruchsvoll, aber mit Wasser angerührter Kartoffelbrei mit der Konsistenz einer Suppe ist auch mir zu wenig. Es schmeckte grauenhaft.

Es dauerte ein paar Jahre, bis man eine Mensa anbaute. Dort wurden dann Speisen gereicht, die auf unsere Schüler zugeschnitten waren: Pizza mit halal Wurst. Für mich war schon erschreckend, dass alle Kinder sich nach Regeln des Islam ernähren mussten. Ich hätte kein geschächtetes Tier vorgesetzt bekommen wollen.

Während der nächsten Jahre folgten ständige Baumaßnahmen. Die Toiletten stanken weiterhin und waren unbenutzbar. Irgendwann wurden die Lehrertoiletten gesperrt, wir mussten in die Turnhalle zur Toilette gehen, doch es gab nur eine einzige für über 40 Lehrer.

Glücklicherweise wurde der Strom neu verlegt im Schulhaus, doch das Stemmen der Kabelkanäle fand während dem Unterricht statt und die Baumaterialien stapelte man auf dem Lehrerparkplatz. Die Stadt ergriff sofort ihre Chance, Strafzettel rund ums Schulhaus zu verteilen, als der Lehrerparkplatz für das Lagern der Baumaterialien gesperrt war. Weshalb man mit solchen Maßnahmen grundsätzlich nach den Sommerferien begann und somit massiv den laufenden Betrieb störte, konnte ich nicht nachvollziehen. Warum die Stadt in solchen Ausnahmesituationen nicht ein wenig Kulanz zeigen konnte, war mir auch unbegreiflich.

Ich habe das Gefühl, dass Regeln in Deutschland nicht für die Bürger da sind, sondern gegen die Bürger. Mir kommt es so vor, als würden sich Menschen in Rathäusern die Hände reiben, wenn sie eine Gelegenheit sehen, die Bürger zur Kasse zu bitten. Häufig ist es unsinnige Gängelei.

In Biblischen Zeiten waren es Zöllner, heute sind Firmen, die Parkplätze von Supermärkten überwachen und Leuten vollkommen überzogene Strafzettel anheften, oder es werden Parkmöglichkeiten an Straßenrändern extra ohne Sinn reduziert, damit man Strafzettel an die Autos hängen kann.

Jetzt war das Thema Parken um das Schulhaus sowieso immer ein Problem. Wenn man sich mit Schülern anlegte und Konsequenzen androhte, wenn beispielsweise gekehrt werden sollte und die Schüler keine Lust hatten, konnte es schon einmal vorkommen, dass man im Fahrzeug keine Fensterscheiben mehr hatte oder die Schüler mit einem Schlüssel mehrfach um das Auto wanderten, um den Lack kreativ zu verändern. Das ist mir mehrmals passiert und war dann persönliches Pech.

Besonders unser Polizistenspross machte sich einen Spaß daraus, auf Autodächern irgendwelcher Nachbarn zu tanzen, was diese dann gar nicht lustig fanden. Neben einer Schule zu wohnen, kann unsäglich belastend sein, besonders wenn man täglich Müll in den Vorgärten findet, Mauern bemalt sind oder sinnlos Dinge zerstört werden. Die Lust der Schüler an so destruktivem Verhalten ist mir vollkommen unbegreiflich.

Der Ganztag war einerseits für Kinder, die zu Hause kein Essen vorfanden, ein Segen. Andererseits war es schwer für Kinder wie Martin, mit ADHS den Tag zu überstehen. Martin war ein Zappelphilipp wie er im Buche steht, lebte allein mit seinem alleinerziehenden Vater, und litt unter einer nicht ganz so günstigen häuslichen Situation.

Er konnte keine fünf Minuten stillsitzen. Ich mochte ihn, und doch war er furchtbar anstrengend, und seine Unruhe war schwer einen ganzen Tag lang auszuhalten. Er versuchte zu Beginn des Tages, seine Aufgaben zu machen, doch nach wenigen Minuten riss die Konzentration ab und vermochte keine sinnvolle Tätigkeit mehr auszuführen.

Er störte andere, wippte auf dem Stuhl herum, fiel um, warf Dinge vom Pult, begann mit Gegenständen zu klappern, zerstörte Bleistifte und Arbeitsmaterial. Er scharrte auf den Arbeitsblättern, bis sie Löcher hatten, durchbohrte Hefte. Seine Schrift war nicht lesbar, weder Zahlen noch Buchstaben, und jegliche Organisation war ihm fremd.

Hinzu kam, dass er auf dem Pausenhof ständig in Konflikte verwickelt war. Er ärgerte andere Kinder, ohne es zu merken und reagierte hochsensibel auf ablehnende Bemerkungen anderer Kinder, was ständig zu Prügeleien führte. Martin war schnell zornig, und es genügte ein Funkte, eine Bemerkung eines Mitschülers oder ein Papierkügelchen, das ihm an den Kopf geworfen wurde, dass er explodierte und seine Wut so am Mobiliar ausließ, dass manchmal auch Blut floss, das von anderen oder auch sein eigenes.

Manchmal hämmerte er aus Zorn mit den Fäusten an die Wand, bis die Haut aufplatzte. Natürlich wussten die Kinder, dass dann der Unterricht vorüber war, sie nutzten das zu ihrer eigenen Unterhaltung aus und provozierten. Kinder wissen ganz genau, welche Knöpfe sie drücken müssen und was dann geschieht. Auf Mitleid, Verständnis und Rücksichtnahme braucht man in solchen Situationen nicht zu hoffen.

Es blieb nichts anderes übrig, als Martin hin und wieder aus dem Unterricht zu schicken. Eine Lehrkraft kommt irgendwann an ihre Grenzen. Es gilt bei allem Verständnis für diese Kinder, den Schaden für alle zu begrenzen und irgendwie noch Unterricht zu gewährleisten. Man kommt, wenn man mit einer Klasse auf engstem Raum allein arbeiten muss, manchmal nicht umhin, einen Schüler aus dem Unterrichtsraum zu entfernen, wohl wissend, dass es nicht die optimale pädagogische Maßnahme ist und der Junge etwas anderes gebraucht hätte, doch man kann sich nicht aufteilen.

Bei einer dieser Gelegenheiten legte Martin auf dem Flur Feuer. Der Feuermelder ging, die ganze Schule war in Aufruhr. Das Verhalten hatte nun Ausmaße angenommen, welche nicht mehr tragbar waren. Die Schulleitung hatte nun ein Einsehen, dass Handlungsbedarf bestand.

Wir bestellten zur Begutachtung einen Sonderpädagogen ein. Dieser kam zur ersten Unterrichtsstunde des Tages und beobachtete Martins Teilnahme am Unterricht. Martin wusste das. Er war ausgesprochen höflich, bemüht und fleißig. Der Sonderpädagoge versichere, dass er nichts für uns tun könne, das sei ein völlig normales Kind, er wisse nicht, wofür er hier sei und ging. Er war noch nicht vom Hof, da warf Martin mit Stühlen durch die Klasse. Als Krönung rannte Martin einen Monat später aus der Schule davon und bot sich fremden Männern zu sexuellen Handlungen an, wie uns Zeugen später berichteten. Die Lage eskalierte.

Der Sonderpädagoge musste noch einmal kommen, führte die Testung fort. Martin musste daraufhin eine andere Schule besuchen. Das Kind tat mir entsetzlich leid, und doch bringen Kinder Geschichten mit, zu deren Aufarbeitung wir als Lehrer nicht ausgebildet sind, die wir nicht ausblenden können und die dazu führen, dass viele Kinder gar nicht unterrichtsfähig sind.

Ein Kind kann nichts lernen, wenn seine Grundbedürfnisse nach Sicherheit und Wohlbefinden nicht befriedigt sind, und solches Benehmen wie Martin es zeigte sind Hilfeschreie. Dass Hilfen viel zu spät oder gar nicht greifen, ist für ein zivilisiertes Land eine Schande. Es ist ja nicht nur so, dass diese Kinder untergehen- es gehen alle anderen mit unter.

Martins Ausbrüche führten dazu, dass andere Schüler und Schülerinnen morgens mit Angst zur Schule kamen, und das zurecht, denn sein Verhalten war unberechenbar. Unterricht war oft nicht möglich, da ich ihn suchen musste, telefonieren, den Vater herbeirufen, Gespräche führen, da ich die Verantwortung nicht tragen kann, wenn ein Kind fehlt oder wegläuft.

Im Grunde sind wir an Schulen auf solche Extremlagen schlecht vorbereitet und nicht ausreichend handlungsfähig. Es müsste weit mehr passieren. Wir brauchen Weiterbildungen dafür, wie wir in solchen Situationen deeskalierend eingreifen können, oder Fachleute an jeder Schule, die das können.

Es muss auch den Eltern bewusst sein, was sie den Kindern antun, wenn sie hier auf eine Beschulung in einer Regelschule bestehen. Viele solcher Kinder sind hoch intelligent. Ich habe jedoch immer öfter Kontakt mit Familien, die schon mit weit geringeren Besonderheiten ihrer Kinder große Probleme haben, ihre Rechte durchzusetzen.

Ein Beispiel ist das Thema Legasthenie. Kinder mit dieser Schreibschwäche haben ein Recht darauf, die Rechtschreibung auch im Gymnasium nicht bewertet zu bekommen und auf andere Formen der Leistungsbeurteilung als der schriftlichen zurückzugreifen. Dennoch schildern mir viele Eltern, dass die Kinder schlecht bewertet werden, wenn ein Wort in der Erdkundearbeit oder Physikarbeit falsch geschrieben wurde. Die Kinder hätten Rechte auf Nachteilsausgleich, doch häufig sind die Fachlehrer an höheren Schulen nicht einmal über die anerkannten Lernschwächen der Kinder informiert, geschweige denn über die zugestandenen Nachteilsausgleiche.

Neurodiversität, Autismus und Nonverbale Lernstörungen sind Fremdworte in einem Gymnasium. Was in Italien viel früher diagnostiziert und auch an weiterführenden Schulen integriert wird, steckt bei uns noch völlig in den Kinderschuhen.

Es gibt kaum eine Klasse, in der nicht Schüler mit absolut gefährlichem Verhalten für sich und andere sitzen. Man tut so als wäre es die Ausnahme, doch es sind inzwischen zu viele, die ihre Emotionen nicht in gesundem Maß regulieren können.

Es wird von Seitens der Schule weder an den Ursachen etwas getan, etwa durch Einbeziehung anderer Stellen, noch auf die ebenso hilflosen Eltern eingewirkt, Hilfe anzunehmen. Zu Hause anzurufen und zu klagen reicht nicht. Ich muss Eltern einen gangbaren Weg anbieten und konkrete Vorschläge machen können, was weiter passieren muss, um dem Kind zu helfen, aber da landet man oft in einer Sackgasse.

Schulen sind dahingehend viel zu wenig vernetzt.

Was hätten wir gebraucht? Was wäre hilfreich gewesen?

➢ *Bedürfnisse aller Beteiligten in Schule wahrnehmen*
➢ *Erst Ziele für Reformen formulieren, dann Voraussetzungen schaffen.*
➢ *Wenn Voraussetzungen geschaffen sind, Ziele umsetzen, nicht vorher.*
➢ *Schule neu denken, auf die Bedürfnisse der Beteiligten ausrichten*
➢ *Freizeitangebote und Ruheräume einbinden*
➢ *Trainingsräume für Sozialverhalten einrichten*
➢ *Höherer Personalschlüssel und ein Notfallkonzept*
➢ *multiprofessionelle Teams: Sonderpädagogen, Schulpsychologen und Therapeuten an jeder Schule*
➢ *viel intensivere Vernetzung*

Gewalt an Schulen ist ein riesiges Thema, das glücklicherweise langsam durch die Medien geistert und wahrgenommen wird. Meiner Meinung nach bekommt das Thema immer noch nicht die ausreichende Aufmerksamkeit und Gewichtung.

Es beginnt mit verbaler Gewalt. Kinder lernen bereits im Kindergarten, andere Kinder mit Worten zu beleidigen, deren Bedeutung sie nicht kennen und uns das Blut in den Adern gefrieren lassen. „Du Depp" war zu meiner Schulzeit eine Beleidigung und das schlimmste, was man von sich geben konnte. Lehrkräften oder Erwachsenen gegenüber hätte man solche Worte nicht gebraucht.

Auf den Schulhöfen sind heute Provokationen wie „du Hurensohn" oder „Bitsch" oder auch „Kanacke" schnell ein Anlass, eine handfeste Prügelei anzufangen. Es ist nicht nur die Frage, was gesagt wird, denn in manchen Gruppen gehört eine liebevolle Morgenbegrüßung wie „Na, du Hurensohn, wie geht's, Bruder" zur Normalität.

Sagt dieselben Worte ein Außenstehender, ist er oder sie seines Lebens nicht mehr sicher. Gegenüber Menschen mit dunklerer Hautfarbe das Wort Nigger in den Mund zu nehmen, würde sich kein hellhäutiger getrauen, sich untereinander dieses Wort an den Kopf zu werfen scheint ein Vertrauensbeweis zu sein. Man schüttelt als Lehrer nur noch mit dem Kopf angesichts dieses Umgangstons, steht man als Aufsicht auf dem Schulhof und hört diesen Gesprächen zu. Die Medien befeuern das Ganze noch, in dem Themen wie „Black lives matters" hochgekocht werden. Es entbrennen wilde Diskussionen, wer zur Gemeinschaft der „coloured people" zählt.

Irgendwie führen noch genauere Unterscheidungen und der zwang, sich irgendwo festzulegen und zu identifizieren nicht zu mehr miteinander. Kein äußeres Attribut führt allein deshalb zu einer Schnittmenge gleicher Erfahrungen oder zwingt dadurch zu vergleichbaren Handlungsweisen.

Beinahe hoffnungslos sieht es aus, wenn man als Lehrerin auf gewisse Umgangsformen besteht, oder eine angemessenen Sprache Erwachsenen gegenüber wünscht. Schüler müssen lernen, dass es gesellschaftliche Normen gibt, und dazu gehört eine angemessene sprachliche Ausdrucksweise. Besonders später in Ausbildung und Beruf ist das unverzichtbar.

Ich habe als Lehrerin meine Grenzen, wie ich mich betiteln lasse, und muss mich nicht von Jugendlichen und Kindern unter der Gürtellinie beleidigen lassen. Für so ein Benehmen habe ich auch kein Verständnis, auch wenn ich jetzt altbacken klinge.

So versuchte ich beispielsweise an einem Wintermorgen die Schultreppe im Gebäude zum Lehrerzimmer hinaufzusteigen, über der Schulter ein schweres Akkordeon, am Arm einen schweren Korb mit Liederbüchern, der Rücken schmerzte und der Schweiß rann mir über das Gesicht.

Eine Gruppe Mädchen saß dort auf der Treppe während der Pause, obwohl sie sich eigentlich auf dem Hof hätten aufhalten müssen, grinsten hämisch als sie mich kommen sahen und unterhielten sich weiter auf Türkisch. Es war absolut kein Platz, um an den Mädchen vorbeizukommen. „Könntet ihr mich bitte durchlassen?" fragte ich höflich an. „Ach, du hässliche alte Fotze, geh doch andersrum." So schlug es mir entgegen.

Sie lachten und blieben sitzen. Ich war damals Anfangs vierzig und durchaus noch attraktiv, und obwohl ich mir den Schuh beileibe nicht anzog- ich war hier Opfer einer Mutprobe, stand da wie vom Donner gerührt und empfand das Verhalten nicht als angemessen. „Raus!", antwortete ich. Sie weigerten sich, lachten und aalten sich auf der Treppe. Die Situation änderte sich drastisch als es klingelte. Schnell standen sie auf und suchten das Weite, denn hinter mir kam ein Kollege, den sie fürchteten.

Natürlich wanderte ich schnurstracks zum Rektorat. Dort zuckte man mit den Schultern. „Ja was sollen wir jetzt tun, wir haben keine Zeit" hieß es. Ich sprach in der nächsten Pause den Klassenlehrer der Mädchen darauf an. „Ich habe jetzt Pause". Schön, dachte ich bei mir. Es bleibt solch ein Verhalten also ohne Konsequenzen. Ich war nicht in der Position, irgendetwas zu tun, und anderen war die Pause wichtiger.

Pädagogische Geschlossenheit und klare Konsequenzen fehlen zu oft in unserem System. Die Kinder nehmen uns nicht ernst. Welche Möglichkeiten hat man denn? Man könnte ein Gespräch führen, vor der Klasse. Eigentlich muss man eine Klassenarbeit vorbereiten. Man könnte sie nachmittags zum

Elterngespräch einbestellen (sofern die Eltern überhaupt bereit sind zu kommen). Doch am Nachmittag hat man vielleicht bereits Unterricht oder etwas anderes wichtiges zu tun. Warum sollte man die Arbeitszeit verlängern, wenn eine Kollegin beleidigt wird? Wer ist in dem Fall zuständig? Wo ist die Grenze? Die resignierten Kollegen nehmen sich da gerne zurück. Ist es ihnen zu verdenken?

Es treffen ebenso Rollenerwartungen und Rollenbilder aufeinander, wenn Kinder aus unterschiedlichen Kulturen im Unterricht mit vollkommen anderen Vorerfahrungen zusammenkommen. So hatte ich einmal das Problem, in die Klasse 8 zu geraten, die einige junge Männer beherbergte, welche sich vom Salafismus angezogen fühlten. Nun habe ich großen Respekt vor anderen Religionen, ich wünsche mir jedoch diesen Respekt im Umkehrschluss auch.

An diesem Tag kam ich in Vertretung zum Deutschunterricht in die Klasse, ich hatte eine konkrete Aufgabe vom abwesenden Kollegen erhalten. Es sollte tags darauf als Klassenarbeit ein Bericht geschrieben und deshalb nochmals geübt werden. Ich stellte mich der Klasse vor, erklärte, dass der Kollege krank sei und ich beauftragt war, mit der Klasse für die Arbeit zu üben. Das tat ich gerne. Beispiele für den Bericht fand fanden sich im Deutschbuch. Ich wies die Kinder an, ihr Buch zu holen und bitte aufzuschlagen.

Viele Kinder standen von ihren Plätzen auf, wühlten in Regalen und Spinden und nach langen 10 Minuten und auch ein paar lauteren Ermahnungen meinerseits saß jeder zumindest vor einem Buch und suchte die passende Seite. Die

Schülerinnen der ersten Reihe begannen, abwechselnd die Aufgabe vorzulesen.

Die Jungen in der letzten Reihe murmelten währenddessen fortwährend irgendetwas unverständliches vor sich hin. Ich unterbrach meinen Unterricht, schritt nach hinten und schaute mir die Texte an, die in der letzten Bankreihe auf den Tischen lagen.

Die Schüler verzogen keine Miene. Es saßen tatsächlich in der hinteren Reihe sechs junge Männer vor arabischen Koranschriften, welche sie laut rezitiert hatten. „Was soll das?" stellte ich sie zur Rede. Wir haben jetzt Deutsch. „Wir sind Muslime." bekam ich zur Antwort. „Ja und? Ich bin Christin. Schön. Wir haben jetzt Deutschunterricht." „Sie sind eine Frau, und sie haben uns gar nichts zu sagen. Wir lesen den Koran, alles andere ist haram."

Mir blieb vor Staunen der Mund offenstehen. „Hör, es ist ja schön, dass du den Koran liest, aber nicht bei mir im Deutschunterricht. Und wenn du glaubst du müsstest das tun, dann tu es leise." „Wallah, du hast uns gar nichts zu sagen". Nun wurde der Ton rauer. „Leute, so geht das nicht. Ihr wollt einen Hauptschulabschluss." Ich bemerkte durchaus, dass alles argumentieren nichts nützte und schrieb ins Klassenbuch „Diskussion über den Koran".

Nach der Stunde ging ich mit dem inzwischen bei uns angestellten Schulsozialarbeiter ins Gespräch. „Hör mal, was machen wir da? Die machen jeden Unterricht unmöglich und singen im Deutschunterricht arabische Koranverse." „Also, das müssen wir beobachten", bekam ich zur Antwort. Ja, was hätte er auch tun sollen. Beobachten. Aber das reicht nicht. Es reicht nicht, wenn dadurch Mitschüler, die ein Recht auf Unterricht haben, nicht zu ihrem Recht kommen, weil andere Jugendliche meinen, ihre Macht demonstrieren zu müssen. Etwas anderes war es ja nicht.

Dass diese Schüler Koranschriften der Salafisten auf dem Schulhof verteilten und Mädchen beschimpften, welche sich ohne Kopftuch im Schulhaus aufhielten, war ein anderes Thema. Sozialer Druck und freiwillig schließen sich im Grunde aus, und sozialer Druck wurde hier ausgeübt. Ich suchte Hilfe bei unserer Türkischlehrerin, die sehr liberal und vernünftig war, doch auch die war machtlos.

Der Soziale Druck äußerte sich in seiner hässlichsten Fratze, als sich zwei junge Menschen der Klasse 9 suizidierten. Sie war sechzehn Jahre alt, schwanger, Muslima und aus einer streng gläubigen Familie, er war Geflüchteter und es drohte die Ausweisung.

Die Familie des Mädchens hätte den jungen Mann zudem nie als ihren Ehemann akzeptiert. Die beiden sahen sich in einem unlösbaren Dilemma. Die Eisenbahnbrücke und ein herannahender Zug waren für die beiden jungen Menschen die einzige Lösung. Es ist unfassbar traurig, dass die zwei sich niemand in ihrer Not anvertraut hatten, der eine für alle positive Lösung hätte herbeiführen können, die beiden beraten und an die Hand hätte nehmen können.

Als wäre das Drama nicht schon furchtbar, ließ die Familie des Mädchens verkünden, das Mädchen habe Schande über die Familie gebracht, ihr Name dürfe nicht mehr erwähnt werden. Sie verboten sich jegliche Gedenkfeierlichkeiten, wie sie in einer Schulgemeinschaft bei solch schlimmen Vorkommnissen üblich ist. Das Mädchen (das in Deutschland geboren worden war) werde in ihr Heimatland verbracht und dort in Stille verscharrt, ihr Name dürfe nicht mehr erwähnt werden.

Natürlich stellte ich in der Klasse eine Kerze auf, und wir sprachen darüber. Auch die Mitschüler und Mitschülerinnen hatten das Recht, die Geschehnisse zu verstehen und aufzuarbeiten. In diesem Fall über Suizid zu sprechen, schon um weitere solche schrecklichen Ereignisse zu verhindern, war unverzichtbar. Auch die Freunde der beiden hatten ein Recht darauf, Abschied zu nehmen und den Verlust zu verarbeiten. So etwas zu verschweigen, geht nicht.

Die Geschwister des Mädchens waren noch Monate danach massivstem Mobbing durch andere muslimische Jugendliche, vor allem Jungen ausgesetzt, welche sie schon vor der Schule abpassten und beschimpften. Die Grausamkeit kannte keine Grenzen. Auch das alleinige Beobachten schützte diese Kinder nicht. Es fehlte jegliches Konzept. Wir waren mit Formen von Gewalt konfrontiert, auf die war man nicht gefasst, und mich machte diese Geschichte unfassbar traurig.

Gewalt an Schulen ist ein Thema, welches häufig negiert oder schöngeredet wird. Schulleitungen sind erpicht darauf, Vorkommnisse nicht an die große Glocke zu hängen, den in der Öffentlichkeit sichtbaren Einsatz von Rettungskräften wenn

171

möglich zu vermeiden und so den positiven Ruf der Schule möglichst zu bewahren (sofern es etwas zu bewahren gibt).

Bevor man als Lehrkraft einen Rettungsdienst alarmierte, musste der Schüler oder die Schülerin irgendwie ins Sekretariat verbracht und dort auf die Notwendigkeit eines Rettungseinsatzes hin überprüft werden. Aus meiner Sicht war so ein Vorgehen unverantwortlich und vollkommen unsinnig, hatte ich selbst durch allerlei Ehrenämter im Katastrophenschutz eine gewisse Ausbildung, welche mir die Entscheidung leicht machte, ob da nun ein Rettungstransport nötig war.

Bei Atemnot, stark blutenden offenen Wunden oder Kopfverletzungen hätte man mir bei jedem Katastropheneinsatz beigepflichtet, gehörte man in ärztliche Hände. Nicht in der Schule, da entschied das nach mindestens einer halben Stunde Wartezeit vor dem Rektorat die Sekretärin. Während jede Lehrkraft regelmäßige Erste Hilfe- Weiterbildung haben muss, gilt dies für die Sekretärin nicht, doch die traf solche Entscheidung und war Herrin über Kühlpacks und Pflaster, und wir gerieten darüber nicht nur einmal aneinander.

Dass sich an dieser Hauptschule Schüler prügelten, kam vor. Dass Lehrer verletzt waren auch, aber mich traf es besonders. Ich unterrichtete in diesem Schuljahr Religion in der Klasse 7. Obwohl es im Lehrplan nicht so vorgesehen war, organisierte es unsere Schule dergestalt, dass Türkische Schüler zur Zeit des Religionsunterrichts muttersprachlichen Unterricht genossen, also keinen Religionsunterricht hatten.

Evangelisch und Katholisch wurde nicht unterschieden, und auch die Muslime anderer Herkunft, Jesiden und Buddhisten wohnten meinem Religionsunterricht bei. Ich versuchte allen gerecht zu werden und wählte die Themen nach Neigung der Schüler aus, orientierte mich ein wenig am Lehrplan für evangelischen Religionsunterricht und durchleuchtete die Themen aus der Sicht der verschiedenen Religionsgemeinschaften.

Meist beschränkte sich das Wissen der Muslimischen Kinder über ihre Religion auf die Kenntnisse von Verboten und Geboten. Die Mädchen waren eh nicht zum Gebet verpflichtet, sie wussten, was sie essen durften und was nicht und dass sie Kopftuch tragen sollten. Das war es meistens.

Die Jungen konnten häufig die erste Sure auswendig in Arabisch beten, doch verstanden hatten sie oft nichts. Es ging vielen nicht um ein tieferes Verständnis, sondern nur darum, seiner Verpflichtung nachzukommen.

Ich hatte meist die Bibel in einfacher Sprache vor mir liegen und eine deutsche Koranübersetzung, welche die Kinder erst vom Vorsitzenden ihrer islamischen Gemeinde genehmigen ließen. Erst als dieser die Übersetzung für gut befand, waren sie bereit, die Texte in deutscher Sprache zu lesen und darüber zu sprechen.

Wir hatten gerade eine spannende Stunde zum Thema Vergebung, die Uhr zeigte kurz vor 12, die große Pause nahte. Ich war dabei, meine Arbeit vor der Pause abzuschließen, trug die Themen ins Klassenbuch ein und machte Ordnung auf dem Schreibtisch, da rissen die türkischen Schüler von draußen die Türe auf.

Ich klappte das Klassenbuch zu, erhob mich vom Stuhl, Jebril war dabei, die Tafel zu reinigen, da machte Murat eine Bemerkung und sogleich flog der nasse Tafelschwamm gegen Murats Kopf. Den Rest bekam ich nicht mehr mit. Die Jungen rannten wie wilde Stiere ineinander, einer flog gegen mich, mein Knie krachte, knickte zur Seite weg und beim Versuch, es wieder grade zu drücken, durchfuhr mich ein entsetzlicher Schmerz und es wurde schwarz um mich.

Wie lange ich ohnmächtig da lag, wer mich gefunden hatte, weiß ich nicht, nur dass plötzlich ein Notarzt neben mir stand mit einer Trage. Draußen drückten sich dutzende Schüler an der Scheibe die Nase platt. Vollkommen benommen wurde ich ins Krankenhaus verbracht. Man könnte meinen, die Schulleitung, die inzwischen kommissarisch die Schule leitete, hätte irgendein Interesse bekundet an meinem Gesundheitszustand. Weit gefehlt.

Ich wurde im Krankenhaus notdürftig mit einer Schiene versorgt und ohne Krücken vor die Eingangstür gestellt, mit den Worten, wenn ich in zwei Wochen nicht laufen könne, müsse ich nochmal kommen. Jetzt muss ich anmerken, dass ich als Autistin vor Krankenhäusern panische Angst habe.

Mein Adrenalinpegel sorgt dafür, dass ich auch ohne Kopf noch aus der Klinik rennen würde. Wirklich mitbekommen habe ich nicht, was der Arzt sagte. Das einige, was mich interessierte, war, wie komme ich zu meinem Auto und wie hole ich nun mein Kind von der Schule.

Ich rief also in der Schule an, man möge mich abholen kommen. Die Sekretärin reagierte mit unwilligem Grunzen, es sei gerade niemand da, ich könne ja ein Taxi rufen. Ein fremder Mann vor der Klinik bekam die Geschichte mit und brachte mich schließlich zu meinem Auto.

Dort bemerkte ich, dass ich meinen Schlüssel zusammen mit meiner Tasche im Klassenzimmer der 7 b liegen hatte. Die Stufen im Schulhaus hinaufzugehen war mir nicht möglich, also wartete ich darauf, dass sich ein Schüler zeigte, um meine Sachen zu holen.

Als ich endlich in meinem Wagen saß, nahm ich wahr, dass ich mit der Beinschiene, die vom Knöchel bis zur Hüfte reichte, nicht Auto fahren konnte. Ich nahm sie ab, und fuhr unter starken Schmerzen zur Schule meiner Tochter. Bei jedem Kupplungsvorgang hatte ich einen süßlichen Geschmack im Mund und mich überkam die Angst, erneut ohnmächtig zu werden. Irgendwie schafften wir es trotz Schwindel und Übelkeit nach Hause.

Während meiner darauffolgenden Krankmeldung hätte ich mich gefreut, hätte irgendein Kollege oder die Schulleitung sich nach meinem Befinden erkundigt. Ibuprofen wurde mein bester Freund. Ich konnte nicht laufen. Ich rutschte durch die Wohnung. Es war eine Katastrophe. Später stellte man fest, dass die Bänder abgerissen waren, der Knorpel verletzt. Da Knie musste operiert werden.

Juristisch gesehen musste hierfür jedoch der Unfall als Dienstunfall anerkannt sein. Alle Rechnungen musste ich direkt an die Bezirksregierung weiterleiten, ich durfte nichts bei der Krankenkasse einreichen, sonst hätte ich mich einverstanden erklärt, dass der Dienstunfall keiner sei.

Folgendes war geschehen: Die Schule, sprich, zuständige kommissarische Schulleitung, hatte pflichtbewusst innerhalb von 2 Wochen einen Zeugenbericht an die Bezirksregierung geschickt, nämlich den Zeugenbericht, den der Schulsozialarbeiter, der mich im Klassenzimmer zufällig gefunden hatte, während er von seinem Büro zur Toilette eilte, verfasst hatte.

Ich stellte währenddessen den Antrag auf Dienstunfall und brachte diesen unter Schmerzen zur Post. Doch ein Zeugenbericht genügt nicht. Es brauchte zwei.

Den Posten des Dienstunfallwesens einer vollständig stummen Sachbearbeiterin zu übergeben, war vielleicht nicht das Klügste, was man tun konnte. Sie rührte sich nicht. Als mein Arzt festgestellt hatte, dass das Bein operiert werden musste und ein Operationstermin feststand, waren bereits sechs Wochen ins Land gezogen, in denen ich nicht im Stande war, eine Kaffeetasse von der Küche zum Sofa zu transportieren. Der Gang vom Bett zur Küche dauerte eine halbe Stunde, da ich auf dem Hinterteil die Treppen hinabrutschen musste. Den Gebrauch der Krücken hatte ich mir auf unserer engen Treppe nicht zugetraut.

Ich quälte mich durch den Alltag, versuchte Kind und Haushalt zu versorgen und war im Grunde vollkommen hilflos.

Wir warteten und es kam von der Bezirksregierung keine Reaktion. Inzwischen wollte der Rettungsdienst das Geld für den

Krankentransport bezahlt haben, und die Ärzte schickten mir als Privatversicherter Patientin sämtliche Rechnungen. Ich leitete sie an die Bezirksregierung weiter, und die reagierte nicht.

Erst als ich einen Anwalt einschaltete, kam Bewegung in die Sache. Der Unfallbericht wurde kopiert, von der Schulleitung unterschrieben, und nun war die Sachbearbeiterin zufrieden. Sie versprach den Antrag nun zu bearbeiten, doch wer glaubt, dass die Dinge nun ihren Gang gehen irrt. Weit gefehlt.

Die Rechnung für den Krankentransport wurde nach 8 Monaten abgelehnt. „Frau Koch, es fehlt ein Transportschein. Ohne Transportschein können wir die Rechnung nicht begleichen." „Ich war ohnmächtig, wo soll ich denn einen Transportschein herbekommen?" „Das ist nicht unser Problem." „Wie, sie können nicht laufen? Und ihr Kind muss in die Schule? Das ist doch nicht das Problem der Bezirksregierung, das ist Privatsache, wenn Sie Kinder haben."

„Der Schaden am linken Knie wurde anerkannt. Nun hat ihr Arzt rechts Ultraschall gemacht. Dafür sind wir nicht zuständig." „Aber er braucht doch eine Vergleichsaufnahme." „Dann muss er das medizinisch begründen". So ging das die ganze Zeit. Ich wurde nicht behandelt, die Rechnungen stapelten sich. Meine Anfrage an den Arzt, ob man nicht statt teurer Verbände Krautwickel machen könne, wurde mit fassungslosen Blicken honoriert.

Im Grunde hätte alles längst gut sein können, wäre ich gleich operiert und im Anschluss mit einer sinnvollen Physiotherapie versorgt worden. Es hätte, wie es in anderen Berufen nach einer solchen Verletzung üblich ist, ein Nachsorgegespräch geben müssen mit einer entsprechenden Beratung und einer eventuellen therapeutischen Unterstützung, um einer PTBS vorzubeugen. Nichts davon ist passiert.

Mein Arzt berichtete von einem Leidensgenossen, einem Polizisten, dem dieselbe Behandlung durch die Bezirksregierung widerfahren war. Ihm steckte im Dienst ein Messer in der Schulter, was behandelt werden musste, und die Bezirksregierung bestritt erst einmal, dass es ein Dienstunfall war. Nun habe ich Verständnis für Prüfungen. Es ist richtig, dass im Zweifel überprüft werden muss, ob es sich tatsächlich um einen Dienstunfall handelt. Aber sorry, solche Geschichten anzuzweifeln bei Polizisten während der Dienstzeit, oder bei einer Lehrerin im Klassenzimmer während des Unterrichts, hat mit Dienstpflicht nichts mehr zu tun. Das ist Tyrannei.

Ich jedenfalls hatte nach Monaten der Warterei keinen Mut mehr, mich operieren zu lassen. Man schickte mich bei jeder Rechnung zu Fachärztlichen Gutachten und zu Amtsärzten, was sich Monate hinzog, Ich schleppte mich auf Krücken dahin, das Knie krumm, der Rücken auch. Die Sehnen waren inzwischen verkürzt, Muskeln sichtbar atrophiert, ich kam daher wie der Glöckner von Notre Dame.

Das Gefühl, vollkommen hilflos dieser Form von struktureller Gewalt ausgesetzt zu sein, einem Arbeitgeber gegenüberzustehen, dem das Wohl seiner Mitarbeiter, die sich zu Treue verpflichtet haben, vollkommen gleichgültig ist, war schlimmer als der Unfall selbst.

Ich fühlte Existenzangst. Während man selbst jede Rechnung innerhalb weniger Tag zu bezahlen hat, ließ sich hier die Bezirksregierung Monate Zeit, ohne irgendeine Entscheidung zu treffen, ansprechbar zu sein oder irgendein Wohlwollen zu signalisieren.

Ich denke, es sähe anders aus, hätte man Entscheidungsträger, die einen Menschen vor sich sehen und nicht nur ein Blatt Papier. Nachvollziehbar ist so ein Vorgehen dennoch nicht. Ich war Opfer, und das auf ganzer Linie.

In der Schule munkelte man, ich würde simulieren. Nach meinem Befinden erkundigt oder Hilfe angeboten hat in der Zeit niemand. Man hatte zu viel mit der Auflösung der Hauptschule zu tun, welche Gesamtschule werden sollte.

Im Grunde war das ganze System derart überlastet. Wenn Lehrkräfte jedoch so unterrichten müssen, überfordert, hilflos, kann es nicht funktionieren. Die Schüler fühlen was die Lehrkraft fühlt, sie ist auf ganzer Linie unglaubwürdig. Schüler haben feine Antennen dafür.

Was hätten wir gebraucht? Was wäre hilfreich gewesen?

> ➢ *Bei Dienstunfällen Nachsorgegespräche*
> ➢ *Beratung aller Beteiligten durch den Dienstherrn*
> ➢ *Schnelle unbürokratische Abwicklung aller Hilfen*
> ➢ *Umfangreiche medizinische und psychologische Versorgung*
> ➢ *Zusammenhalt im Kollegium*

VERANTWORTUNG

Durch die Auflösung der Hauptschulen und der Gründung der Gesamtschule änderte sich das Verhältnis der Kollegen schlagartig. Bislang waren Lehrer mit Lehrbefähigung für Sekundarstufe 1 an der Schule, nun sollten ein großer Teil Lehrkräfte an die neue Schule kommen mit Befähigung, am Gymnasium zu unterrichten beziehungsweise mit der Zulassung für die Förderschule.

Keiner wusste, wer von der alten Riege an der neuen Schulform übernommen wird. Es begann ein Buhlen darum, am Standort bleiben zu dürfen. Einer nach dem anderen schwärzte den anderen an, die Dienstpflicht zu verletzen, um ihn schlecht zu machen. Es war kein Miteinander mehr, man arbeitete nebeneinanderher, und war froh um jeden Tag der, ohne Streit im Kollegium vorüberging.

Ich versuchte nach Monaten des Krankseins, den Dienst mit Krücken wieder aufzunehmen, auch in der alten Religionsklasse. Es war nicht so, dass ich die Lästereien im Lehrerzimmer nicht mitbekommen hätte, die mir dramatische Übertreibungen und Simulieren unterstellten. Wirklich gesprochen darüber hatte niemand, aber Fakt war, ich konnte nicht laufen, in der Schule nicht und zu Hause nicht.

Für mich bestand das Leben seit diesem Unfall darin, Kompensationsstrategien zu entwickeln, um mit der Angst umzugehen, dass sich so ein Vorfall wiederholt. Eine belastende Erfahrung, die zu völligem Kontrollverlust führt, kann häufig nicht einfach abgeschüttelt werden, besonders, wenn die Situation sich ständig wiederholt. In Schulen ist man täglich mit rennenden Kindern konfrontiert, wird getriggert, erlebt die Situation in Folge tausendmal und kann nicht abschließen.

Es gab von der Schulleitung klare Anweisung, der Unfall sollte den Schülern gegenüber nicht erwähnt werden. Es war keine Entschuldigung der Schüler mir gegenüber erfolgt. Später bekam ich einmal ein Gespräch mit, in dem einer der Schüler bekundete, sein Vater hätte gemeint, er brauche sich nicht entschuldigen, er habe nichts falsch gemacht, ich sei ja nur eine christliche Frau, da sei es egal. In diesem Moment war mir klar, dass all unsere Bemühungen, den Kindern Werte zu vermitteln, auf denen unser Grundgesetz basiert, nichtig sind. Wir kommen gegen eine familiäre Erziehung nicht an, welche den Menschen je nach Religionszugehörigkeit und Geschlecht unterschiedlichen Wert beimisst.

Man hat die Sache totgeschwiegen und war zur Tagesordnung übergegangen, als sei es normal, wenn Lehrkräfte niedergetreten werden. Sicher ist der Unfall nicht als Angriff mir gegenüber zu werten gewesen, und doch war ich der Meinung, Schüler sollten für Fehlverhalten, aus dem ein Schaden entsteht, in irgendeiner Form Verantwortung übernehmen, und mit nassen Schwämmen zu werfen, während eine Lehrkraft sichtbar danebensteht, oder andere Schüler mit Schimpfworten zu bedecken, ist nun einmal ein Fehlverhalten, das zweifelsohne zu nichts Gutem führen kann. Das kann man mit fünfzehn Jahren wissen.

Nun stand ich also vor meiner Religionsklasse und versuchte, den Unterricht wieder aufzunehmen. Da es Randstunden waren, tauchten manche Schüler nur sporadisch auf. Ich sah sie vor meinem Fenster aus zum nächsten Spielplatz ziehen, auf dem sie sich unter meinen Blicken Shisha rauchend vergnügten.

Zwei dieser Schüler bekam ich tatsächlich nur in der ersten Stunde des Halbjahres zu Gesicht. Nun stand die Zeugnisvergabe an. Ich wurde ins Rektorat zitiert. „Also höre, Frieda, eine Fünf in Religion, das kann doch wirklich nur ein Tippfehler sein." „Nein, mitnichten. Das war eine Fünf. Denken Sie, Shisha rauchen während des Religionsunterrichts sei ausreichend?" „Aber du musst doch daran denken, dass sich die Schüler mit diesem Zeugnis bewerben müssen." „Ja sorry, aber das wussten die doch bevor sie damit auf den Spielplatz gehen. Anwesenheit wäre ja, so meine ich, das mindeste."

In der darauffolgenden Ansprache auf der Zeugniskonferenz wurden wir noch einmal ermahnt, den Schülern doch bitte Türen zu öffnen und ihnen den Weg in die Zukunft nicht zu verbauen. Ich war der Meinung, das mit dem Verbauen schaffen sie selbst. Wir hatten unsere Anforderungen immer weiter gedrosselt, bis nichts mehr übrigblieb. Wir tun uns damit jedoch keinen Gefallen.

Während in meiner Schulzeit war vorausgesetzt worden, dass man in der Klasse 5 fehlerfrei schreiben konnte, doch ist man heute froh, wenn ein Schüler für einen Sekundarabschluss nach Klasse 10 A noch in der Lage ist, irgendeinen verständlichen deutschen Satz zu formulieren und auf einfache Fragen antworten kann. Die Beherrschung der Grundrechenarten ist nicht unbedingt selbstverständlich.

Ich kenne leider keinen Beruf, in dem man nicht zumindest in er Lage sein müsste, etwas schriftlich zu addieren, zu subtrahieren, das kleine 1x1 zu können oder zu dividieren. Einen Dreisatz sollte man noch hinbekommen.

Nun bin ich der Meinung, es kann nicht nur Akademiker geben. Es ist in Ordnung, elementare Dinge mit Schülern bis zur Klasse 10 zu üben, und auch Themen des täglichen Lebens zu vertiefen. Man sollte ein Formular verständlich ausfüllen können, eine Bedienungsanleitung lesen, einen einfachen Brief verfassen.

Wie funktioniert Ernährung, wie kann ich einfache Gerichte kochen, einen Haushalt führen? Wie mache ich eine Überweisung, wie behalte ich den Überblick über meine Finanzen, dass mir nicht die Wohnung gekündigt wird aufgrund meiner Sparabos für Handyklingeltöne mit singenden Fröschen? Solche Dinge sind wichtig.

Und was auch nötig wäre, sind Fächer wie Ethik, in denen der Umgang miteinander zur Sprache kommt, Benimmregeln und Achtsamkeit, und zwar für alle. Es kann nicht sein, dass Praktikantinnen in Kleiderläden Kundinnen als Fette Kuh betiteln, oder sich weigern im Friseurgeschäft einen Besen in die Hand zu nehmen, nachdem sie eine Stunde zu spät eingetroffen sind, weil die künstlichen Wimpern nicht saßen.

Jede Lehrkraft, die Jugendliche in Berufsorientierungsprakтika betreut, kann ein Lied davon singen, dass viele Schüler mit Basic Skills, mit Grundkompetenzen große Probleme haben. Jetzt mag es Menschen geben, die gegen Religionsunterricht stänkern. Vielleicht sollte man ihn umbenennen, dem Fach einen anderen Namen geben, aber es ist meiner Meinung nach eines der wichtigsten Fächer.

Wir brauchen ein Fach, in dem Dinge wie Achtsamkeit im Umgang mit Mitmenschen eingeübt werden, in denen Kommunikation miteinander geübt und verfeinert wird. Nur wer eigene Bedürfnisse formulieren kann und verbal Grenzen setzen, braucht keine Gewalt. Es geht hier nicht um Deutschunterricht, sondern um verantwortliches Handeln in der Gemeinschaft und im Zusammenleben. Dafür bot bisher der Religionsunterricht eine Plattform. Gerade da wurde gesprochen, sich ausgetauscht und diskutiert. Es ist fatal, diesen Unterricht mit Muttersprachlichem Unterricht zu ersetzen, wie es an dieser Schule gehandhabt wurde.

Sicher soll muttersprachlicher Unterricht seinen Platz finden. Es ist großartig, wenn Kinder mehrsprachig sind, und in ihrer Muttersprache auch lesen und schreiben lernen, aber sie leben in Deutschland und müssen sich mit den Werten dieses Landes auseinandersetzen, um Entscheidungen treffen zu können und auch, um Erwartungen und Verhalten der Menschen zu verstehen in dem Land, in dem sie leben.

Früher gab es den Schandpfahl oder Pranger. Heute ist es das Internet. Fehlende Medienkompetenz bringt ein großes Unheil, und ich gehe so weit, dass ich sage, Kinder haben im

Grunde in dieser digitalen Welt nichts zu suchen. Auch an meiner Schule geschahen Dinge, die von völliger medialer Verantwortungslosigkeit und Ahnungslosigkeit zeugten. Die Digitalisierung war inzwischen so weit vorangeschritten, dass die Kinder zwar nicht mit den Handys, aber mit Computern zu sozialen Plattformen Zugriff hatten.

Eine Schülerin der Klasse 7 hatte ein Profil, auf dem sie sich mit allerlei Bildmaterial darstellte, und zwar öffentlich. Es war Bildmaterial, welches durchaus als Bewerbung für das örtliche Freudenhaus hätte durchgehen können. Es war keine Unterwäsche, es waren Dessous, welche das Mädchen eventuell dem mütterlichen Schrank entwendet hatte, um Fotos zu machen, ich weiß es nicht. Jedenfalls fand man sofort diese enthüllenden Bilder, wenn man ihren Realnamen in die Suchmaschine eingab.

Dass das Interesse am anderen Geschlecht ist in diesem Alter erwacht, ist normal, dagegen ist nichts zu sagen. Dass man völlig unvorbereitet in Schwierigkeiten hineinrauscht, sollte mit dreizehn nicht passieren. Dass der Junge, welcher diese Schwierigkeiten verursacht hat, damit öffentlich auf der sozialen (oder asozialen) Plattform prahlt, dem Mädchen ein Ultimatum stellt, den Braten aus der Röhre zu schaffen, sonst brauche sie bei ihm nicht mehr aufzutauchen, ist nicht normal.

So ein Verhalten einem Mädchen gegenüber ist, so muss ich sagen, an Abscheulichkeit nicht zu überbieten. Es war so widerwärtig. Man kann nur noch konstatieren: denn sie wissen nicht, was sie tun.

Als dreizehnjährige mit Abtreibung zu tun zu haben ist das eine, dies jedoch in der Öffentlichkeit breit getreten zu bekommen etwas anderes, und dann psychisch damit fertig zu werden ohne fremde Hilfe ist noch eine andere Nummer.

Ich verwendete viele Stunden, den Kindern beizubringen, ihre Profile zu schützen und sich so darzustellen, dass ein späterer Arbeitgeber den Namen in der Suchmaschine eingeben kann, ohne unter dem Realnamen Nacktbilder zu finden.

Es ist jedoch schwierig Kindern etwas beizubringen, die der Meinung sind, sie wüssten alles besser und man habe vom heutigen Leben sowieso keine Ahnung. Ab einem gewissen Alter kann man sie nicht aufhalten. Die Geister, die man ruft, verfolgen einen eben dann. Das Treiben der Kinder im Grundschulalter zu steuern, mögen manche Eltern noch im Griff haben, ab der Pubertät wird dies nicht mehr möglich sein.

Mobbing im Netz führte nicht erst einmal bei Jugendlichen zu massiven psychischen Problemen, die bis hin zu sozialer Angst, Depressionen und Suizidgedanken führen können. Man müsste viel früher intervenieren, die Jugendlichen schützen und zu verantwortliche Umgang anhalten, aber wer sollte das tun, schaffen es viele Erwachsenen nicht, einen vernünftigen Umgang im Netz zu pflegen?

Ich war mit einer Klasse im Bus zu einer sogenannten Potentialanalyse unterwegs, die den Jugendlichen Auskunft über ihre Stärken und Schwächen vor der Berufswahl geben sollte, als mir im Bus der Schüler in der Bankreihe hinter mir als Mutprobe auf den Kopf rotzte.

Eine alte Frau, die aus der Nähe die Szene verfolgte, reagierte, stand auf, erzählte mir was sie gehen hatte, drehte sich zu dem Jugendlichen hin und drohte ihm mit ihrem Stock. Sie war vollkommen außer sich über so ein respektloses, widerliches Verhalten. Sie schrie ihn an, wie man so derart niederträchtig sein kann und dreist, andere Menschen mit so ekelhaften Auswürfen zu besudeln.

Ich fühlte mich tatsächlich widerlich und beschmutzt, und versuchte dennoch die Situation zu deeskalieren, damit wir noch vor Erreichen des Zielortes aus dem Bus geworfen wurden.

Es ist nicht so, als hätte ich für Schülerstreiche nichts übrig. Man hat als Kind Türklingeln geputzt und ist weggelaufen. Doch wo wir vollkommen harmlos Klingeln gedrückt haben, verstecken heute Jugendliche Sprengkörper, werfen Scheiben ein oder demolieren Autos. Es ist alles irgendwie eskaliert. Sinnlose Zerstörung ist heute lustig, Körperverletzung ein Kavaliersdelikt. Diese Entwicklung stimmt mich traurig. Ich komme ehrlich gesagt, damit nicht zurecht. Vielleicht bin ich zu alt.

In der Institution jedenfalls, in der die Potentialanalyse stattfand, wurde den Jugendlichen ein Pausenraum zur Verfügung gestellt. Dort sollten sie sich aufhalten, nachdem sie mit unterschiedlichen Materialien in Teams nützliche und hübsche Gegenstände herstellen konnten.

Es gab Anleitung für ein schönes Gesteck, um die Floristik kennenzulernen, man baute eine Schaufel aus Metall und arbeitet mit Holz, und auch der Pflegebereich war abgedeckt. Es waren Beschäftigungen, die eigentlich für Jugendliche attraktiv waren, man konnte abends stolz etwas Hübsches mit nach Hause nehmen.

Man konnte neue Fähigkeiten und Talente bei sich entdecken, sehen, was einem Spaß macht und bekam wenige Tage später Auswertungen zu Teamfähigkeit und Arbeitsverhalten zugeschickt. Es hätte ein schöner, aufschlussreicher Tag sein können, der jedem Hilfe bot zur Wahl einer Praktikumsstelle, doch am Ende des Tages waren die Waschbecken des Pausenraumes aus der Wand gerissen, und der Pausenraum sah aus, als sei ein Müllwagen explodiert.

Man fragt sich als Erwachsener tatsächlich, was in solchen Jugendlichen vorgeht. Wäre es nach mir gegangen, ich hätte die Jugendlichen gesammelt und bis zur Aufklärung den ganzen Abend oder auch noch die Nacht auf der nächsten Polizeiwache sitzen gelassen. Ich hätte nicht lockergelassen, bis die Schuldigen gefunden sind.

Es kann doch nicht sein, dass bei einem Schaden von mehreren hundert Euro mit den Schultern gezuckt und zur Tagesordnung übergegangen wird. Die Jugendlichen brauchen Grenzen, doch die bekommen sie nicht. Ich hingegen schämte mich in Grund und Boden.

Ich habe Sozialpädagogik studiert, ich habe einen Beruf gewählt, der ohne Liebe zum Mitmenschen nicht ausführbar ist, aber bei solchen Aktionen fehlt mir das Verständnis. Ich kann diese destruktive Art nicht nachvollziehen. Ich kann und will solche Verhaltensweisen nicht schönreden.

Wohin führt das, wenn solche Vorkommnisse bagatellisiert werden, Schulterzuckend hingenommen? Wie weit sind wir in unserer Gesellschaft schon gekommen, wenn Zerstörung von Allgemeingut und auch die völlige Vermüllung unserer Stadt resigniert hingenommen wird?

Wir haben keine Antwort darauf.

Zurück zur schulischen Situation: Um uns von der allgemeinen Schulmisere abzulenken, beschloss die Bezirksregierung, es müssen sämtliche Lehrpläne der Schulen neu geschrieben werden. Alle Lerninhalte sollten nun in Kompetenzen umformuliert werden und als schulinterne Lehrpläne für alle Jahrgangsstufen abgegeben werden. Es waren Arbeitsbeschaffungsmaßnahmen.

Um den Berg an Arbeit abzutragen, waren Arbeitsgruppen zu bilden. Nun war es so, dass unsere Schule keine Hauptschulklassen der Unterstufe mehr hatte, aber das war nicht relevant. Man schrieb also Lehrpläne um für Schüler, die nicht mehr da waren und nicht mehr kommen würden, und saß dafür Nachmittage lang zusammen.

Freilich führte dieser Unfug nicht gerade zur Zufriedenheit der Belegschaft, aber der pflichtbewusste Beamte oder die Beamtin tut, was ihr Dienstauftrag ist. Auch hierbei überlegte sich keiner, was das mit einer Lehrkraft macht, die morgens zur Schule kommt, mit dem Wissen, bis 17 Uhr in Arbeitsgruppen über schulinterne Lehrpläne zu sitzen, während man zu Hause den Babysitter bezahlen muss und man nicht dazu kommt, den Unterricht für den nächsten Tag sinnvoll zu planen.

Statt der Unterstufe Hauptschule beherbergte das Schulgebäude nun Gesamtschüler. Es waren praktisch zwei getrennte Schulen in einem Gebäude, mit zwei Schulleitungen, zwei Lehrerzimmern, zwei Kaffeeautomaten. Die Gesamtschule bekam einen noblen.

Nicht bedacht hatte man in dem Moment, dass die Gesamtschüler in den Pausen nicht gedachten, Anweisungen von Lehrern einer anderen Schule anzunehmen. Die Aufsichten wurden zum Fiasko.

Ich konnte noch immer nicht wie ein gewöhnlicher Mensch aufrecht gehen und benötigte eine Krücke. Es dauerte nicht lange, da sahen mich die Schüler daher humpeln und machten sich einen Spaß daraus, in meine Richtung in die Luft zu springen. Begann einer damit, taten es ihm andere nach, und so hüpften sie johlend um mich herum und erfreuten sich an meinen panischen Blicken.

Ich hätte nicht schnell genug ausweichen können. Ich bekam Angstzustände und träumte nachts vom Geräusch reißender Bänder. Ich erlebte meinen Unfall täglich dutzend Mal. Ich war erschöpft nach dem Unterricht und schlief nach der Schule auf dem Sofa ein. Ich wachte morgens auf mit dem Gefühl nicht geschlafen zu haben.

So landete ich wieder beim Arzt, der mir dringend therapeutische Unterstützung empfahl. Wer in Deutschland je versucht hat, therapeutische Unterstützung zu erhalten, weiß, wovon ich rede, Ich telefoniere mir die Finger wund. Therapieplatz in etwa einem Jahr, bis dahin Warteliste war alles, was ich erreichen konnte. Leider hörte ich von diesen Therapeuten, die diese Wartelisten führten, nie wieder etwas.

Bei meiner nächsten Wiedereingliederung, die ohne Gespräch über meine gesundheitliche Problematik und auch, ohne dass ich inzwischen Hilfe erhalten hätte erfolgt war, sorgte man vor und gab mir eine Klasse geflüchteter Schüler, welche im Keller untergebracht war. Anscheinend war da nicht schlimm, wenn ich fehlte.

Dort saß ich nun, zwischen Betonwänden und Heizungsrohren, mit Blick auf Rattenfallen vor den vergitterten Kellerfenstern, und kam mir irgendwie vor wie in einem Knast. Die Räume hätten uncharmanter nicht sein können.

Es gab keine Lehrwerke, es gab keine Unterrichtsmaterialien und keinen Lehrplan. Es gab nur die Klasse mit jugendlichen Afghanen, Russen und Iranern, alle kurz vor Ende des schulpflichtigen Alters, welche versuchten die Grundzüge der deutschen Sprache zu verstehen, jeder auf einem anderen Stand. Konzept schien es keines zu geben, im Grunde interessierte sich keiner für diese Klasse.

Wenn ich ehrlich bin, hat jeder Volkshochschule ein besseres Konzept zum Erlernen der deutschen Sprache. Solche Klassen anzubieten, wie sie in unseren Schulen angeboten werden, sind eine Schande. Es hätten schon längst sinnvolle Materialien zur Verfügung gestellt werden können, die den

Jugendlichen ein sinnvolles aufeinander aufbauendes Lernkonzept hätte bieten können.

Ich stellte Antrag auf Versetzung in den Grundschulbereich. Der Antrag wurde zwei Jahre abgewiesen, weil man mich noch brauchte, aber auch das ist ein anderes Thema.

Ich hatte viele Lehrkräfte kennengelernt, die täglich vom Heimatort sechzig Kilometer zur Schule pendeln mussten. In Ballungsräumen kann dies zu einem beachtlichen Zeitaufwand führen, und Zeit ist wertvoll, was einem bewusst wird, wenn sie für andere Aufgaben des Alltags fehlt.

Man hat Familie, muss Kinder zur Kita oder Schule bringen. Auch die eigenen Kinder sind einem lieb und teuer. Doch unser Schulsystem ist furchtbar unflexibel. Eine Versetzung kann sich Jahre hinziehen, und das ist ein großer Krafträuber für die betroffene Lehrerin oder Lehrer.

Es wird signalisiert, dass Schule vor allem anderen zu gehen hat. Doch keiner wird den Dienst mit Freude und Elan verrichten, wenn die eigene Familie darunter leidet. Auch Lehrer sind Menschen.

Was hätten wir gebraucht? Was wäre hilfreich gewesen?

➤ *Reduktion unsinniger Verwaltungsaufgaben*

➤ *Flexiblere Gestaltung der Arbeitszeiten und Orte*

➤ *Familienfreundlichere Arbeitsgestaltung*

➤ *Beratungsangebote und Anlaufstellen für Lehrkräfte*

➤ *Erziehungskonzepte und Kollegiale Geschlossenheit*

Wie durch ein Wunder wurde kurz vor endgültiger Auflösung der Hauptschule meiner Versetzung an die Grundschule stattgegeben. Ich freute mich. Ich landete an einer katholischen Grundschule mit überaus passablem Einzugsgebiet, was eine neue Erfahrung für mich war.

Dort gab es zu dieser Zeit gar keine Schulleitung. Es waren mehrere Schulleitungen hintereinander geflüchtet oder in die Flucht getrieben wurden, so dass die Dienstälteste zur Leitung der Schule verdonnert worden war. Schulleitung ist ein schwerer Posten, den nicht jeder will. Es ist nicht so, dass man vieles zu sagen hätte, aber es ist gesichert, dass man für alles zur Verantwortung gezogen wird, was an der Schule passiert. Man ist ausführendes Organ der Bezirksregierung oder zumindest zur Ausführung verpflichtet, und die Elternschaft glaubt, man hätte Dinge selbst zu entscheiden, bei denen Schulräte und tausende Verwaltungsvorschriften einen in Grenzen halten. Man kann nur verlieren.

Jedenfalls wies man mir eine Klassenleitung der Klasse 4 zu, die bislang in Vertretung unterrichtet worden war. In der Grundschule hat man als Klassenlehrkraft Göttinnenstatus, wenn man sie eingeschult hat, und taucht hinab in die Hölle, wenn man die Klasse übernimmt, denn man kann nichts richtig machen. Man sagt den falschen Spruch zur Begrüßung, man erlaubt Dinge, die die Frau Müller aber verboten hat. Frau Müller ist aber nicht mehr da, aber nur so wie Frau Müller es gemacht hat ist es richtig. Wenn Frau Müller vier Jahre gesagt hat man darf keinen Filzstift benutzen, dann kann man nicht daherkommen und sagen, es sei egal wenn man mit dem Filzer schreibt, und wenn Frau Müller erlaubt hat, dass zu jeder Zeit ein Kind nach vorne kommen und einen am Pulli zupfen darf um die Richtigkeit einer jeden Matheaufgabe bestätigt zu bekommen ist man des Teufels, wenn man das nicht erlaubt. Jeder zweite Satz der Kinder beginnt mit „Frau Müller hat.." und wenn dann noch Mütter kommen und nach dem Unterricht fragen „Warum ist das jetzt so, die Frau Müller hat doch gesagt, die Kinder müssen die Matheaufgaben immer ins Heft übertagen.. und ... „ ist man kurz vor dem platzen.

Natürlich berichten die Kinder alles zu Hause was ihnen nicht gefällt, und die besorgten Mütter rauschen bei jeder Kleinigkeit in die Schule um sich zu beschweren- nicht bei der Lehrkraft, sondern gewöhnlich sofort bei der Schulleitung.

Für mich fühlte sich jeder Gang zur Schulleitung an wie der Gang zum Schafott. Natürlich war ich einen rauen Umgangston von der Hauptschule gewöhnt und konnte mir nicht auf dem Kopf herumtanzen lassen, aber die Kinder gingen furchtbar mit mir ins Gericht. „Die Frau Lehrerin schimpft mich immer den ganzen Tag und nimmt mir meine Sachen weg." „Hör mal, ich schimpfe nicht, wenn du mir zuhörst. Ich habe mitgezählt, ich habe dir heute Morgen schon acht Mal in der ersten Stunde gesagt, du sollst deine Spielzeugkarten wegpacken. Wir hatten Mathematik und keine Sammelkartentauschbörse. Ich habe dich mehrfach verwarnt und sie dir dann abgenommen. Wie soll ich unterrichten, wenn du nicht hörst?" Der Vater streichelte währenddessen dem armen misshandelten Sohn über den Kopf und riss mir wutschnaubend die Karten aus der Hand. „Sie haben meinem Sohn gar nichts zu verbieten. Und sie wollen Pädagogin sein." So stapfte er davon.

Der nächste Vorfall ereignete sich, als ich einen Aufsatz austeilte, besser gesagt die Aufgabe dazu. Die Kinder waren aus der Pause gekommen, ich hatte ihnen noch fünf Minuten gegeben um sich geistig zu sammeln, nach der Pause durchzuatmen und zur Ruhe zu kommen und die Tische freizuräumen, wir hatten eine kleine Entspannungsübung gemacht und ich erklärte gerade die Aufgabe. So stand ich vor der Tafel und hielt das Aufgabenblatt in die Höhe.

„Schaut ihr müsst zuerst die Bilder in die richtige Reihenfolge bringen. Dann überlegt ihr Euch Sätze zu jedem einzelnen Bild. Und dan.." „Frau Lehrerin ich muss Pippi." „Hör, du bist jetzt in Klasse vier. Ich erkläre gerade noch die Aufgabe, worauf ihr achten müsst, dann darfst du zur Toilette. Ihr hattet doch gerade Pause. Also.." „Ich muss aber jetzt". Nun tönte es aus der letzten Reihe „Ich muss auch. Sie dürfen uns nich verbieten, zur Toilette zu gehen, mein Papa hat das gesagt, er geht sonst zum Anwalt." Ende vom Lied war, dass die ganze Klasse zehn Minuten später anfangen konnte, weil alle noch mit lautem Getöse und Geschrei auf Toilette rannten. Die Klasse hatte für die Arbeit weniger Zeit als die Parallelklasse, was Maxims Mutter sofort bemerkte, da die Schwester in der Parallelklasse war und Maxim nicht fertig wurde, obwohl er normalerweise der schnellere war. Zwei Kinder fingen ohne die notwendige Erklärung an, und machten die Aufgabe falsch. Ein Drittel der Schüler las die Aufgabe nicht und vergaß die Hälfte. Hauptsache der Papa vom Reinhard geht nicht zum Anwalt. Ich weiß allerdings nicht, wie der Reinhard das macht, wenn er mit dem Bus zur Schule fährt, oder in Papas Mercedes SUV mit Ledersitzen auf der Autobahn Pippi muss. Es soll nicht mein Problem sein.

Kurz vor Ende des Schuljahres kam ein neuer Schüler. Der Franz war neu zugezogen. Es war ein netter Junge, doch schien er gar nicht auf dem Stand eines Viertklässlers zu sein. Franz war irgendwie sonderbar. Er roch, um präzise zu sein, irgendwie nach altem Käse und Urin, und bald beschwerten sich die Kinder, die neben ihm sitzen sollten. Franz hatte nie Hausaufgaben dabei. Ich versuchte, die Mutter zu fassen zu bekommen, doch es gelang mir nicht. Dann versuchte ich es über die in der Schulakte eingetragene Telefonnummer- da erklang beim Versuch eines Anrufs „Kein Anschluss unter dieser Nummer."

Zu allem Überfluss hatte Franz in jeder Pause mit Margarete Streit. Margarete war ein Mädchen, von dem wir wussten, dass es ein sehr schwieriges Elternhaus hatte. In dessen Familie war viel von Gewalt die Rede, und diese Gewalt übte sie nun an Franz aus, der nicht in der Lage war, sich gegen Margarete zur Wehr zu setzen. Der arme Junge wurde in den Pausen, wenn die Aufsicht nicht achtsam war, und sie konnte ja nicht überall gleichzeitig sein, an einen Baum gefesselt und verprügelt. Aufgrund seines eher beschränkten Intellekts schaffte es Margarete jedes Mal, ihn zu solch eigenartigen Spielchen zu überreden. Freilich hatte Margarete ein Päckchen zu tragen, das Verhalten kam nicht von ungefähr. Ich musste wegen Margarete täglich ans Jugendamt Meldung machen, ob sie in der Schule war oder nicht, und regelmäßig die Kinderpsychologin kontaktieren. Bei allem Mitleid mit dem Kind galt es, die Mitschüler zu schützen. Wir wollten Margarete von den

Schulhofpausen ausschließen, doch dies war rechtlich nur im begrenzten Rahmen möglich, und die Eltern kannten ihre Rechte.

Eines Tages wurde Franz von Margarete eine Schulmauer hinabgestoßen. Die Kinder waren beim Spielen darauf herumgeklettert, was sie natürlich nicht hätten tun dürfen, aber genau das Verbotene war ja interessant. Franz war so unglücklich mit dem Rücken am Boden aufgeschlagen und laut weinend liegen geblieben, dass ich sogleich den Rettungsdienst alarmierte. Es wurde eine Kopie von Franzens Akte angefertigt und er wurde zur weiteren Untersuchung mit in die Klinik genommen, und dort trat das ganze Drama zu Tage. Es stimmte an den Angaben in der Akte rein gar nichts. Die Klinik alarmierte die Polizei, die sich ans Nachforschen um Franzens Herkunft machte, und es kam heraus, dass Franz eigentlich ein Inklusionskind, war, doch wir waren keine inklusive Schule. Das Geburtsdatum stimmte auch nicht, er saß in der falschen Klassenstufe. Zu allem Überfluss stimmte weder die Telefonnummer, noch die Adresse, kurz- es war kein Elternteil aufzutreiben. Franz war schwer vernachlässigt, so dass die Klinik sofort das Jugendamt alarmierte.

Ich gebe zu, ich war froh, als diese Klasse endlich auf den Weiterführenden Schulen verteilt waren. Die Beratungstage für den Besuch der weiterführenden Schulen waren schrecklich. Da saßen die Eltern all der hochbegabten Kinder vor meinem Pult. „Also, der Sebastian, der hat ja leider eine vier in Mathe, der tut sich sehr schwer. In Deutsch habe ich noch eine drei gegeben, er hat ja eine LRS, und er schreibt sehr langsam. Ich weiß nicht, ob er im Gymnasium so gut aufgehoben wäre. Ich fände eine Realschulempfehlung ....“ begann ich vorsichtig.

„Ach, was erdreisten sie sich. Wir waren alle am Gymnasium, und mein Sohn geht auch auf das Gymnasium. Für uns ist das gar keine Frage. Das ist doch alles Blödsinn, was sie reden. Das liegt nur an Ihnen, dass der Junge Mathe nicht versteht. Sie werden schon sehen." So riss sie mir das Zeugnis samt Empfehlungsschreiben vom Pult und rannte davon.

Ich saß da, und dachte mir meinen Teil. Was sollte ich auch tun, Elternwille entscheidet. Auch wenn man weiß, dass Kinder, die sich in der Grundschule schon schwer tun, unfassbar lange brauchen für die Hausaufgaben oder kämpfen mit neuen Lerninhalten, am Gymnasium entweder nur mit einer Heerschar Nachhilfelehrern unter Qualen bestehen oder aber scheitern, man kann nichts ändern. Die Kinder taten mir leid.

Natürlich ist das nicht schön, wenn man mit Gesprächen dieser Art seinen Abend verbringt und genau weiß, dass Schulempfehlungen so viel wert sind wie ein Stück Toilettenpapier oder die so beliebten Lern- und Förderempfehlungen, die niemals jemand anschaut, die aber geschrieben werden müssen, man tut eben seine Pflicht und versucht, das Beste für das Kind herauszuholen.

Nach den Sommerferien bekam ich eine Klasse 1 mit 24 neuen Schülern. Ich gebe zu, ich freute mich auf die Kleinen. Wir bereiteten die Klassenzimmer vor, es gab eine Bauecke, eine Kuschelecke, ich kaufte hübsche Deko, Spielzeug und Sitzkissen in einem einschlägig bekannten schwedischen Möbelhaus. Die Kinder bekamen ihre Sitzplätze und mit Namen versehene Kleiderhaken, jeder hatte ein eigenes Bild. Wir hatten ein nettes Begrüßungslied ausgesucht. Nun war man gespannt auf die Eltern und Kinder, mit denen man es die nächsten 4 Jahre zu tun hatte.

Am ersten Schultag fiel es vielen Müttern schrecklich schwer, die Kinder am Schultor abzugeben. Eine versuchte gar, ihr Kind mit dem Buggy ins Klassenzimmer zu fahren. Wir bemühten uns zwar, den Eltern klarzumachen, dass es für die Selbständigkeit ihrer Kinder wichtig sei, den Weg vom Schultor ins Klassenzimmer alleine zurückzulegen, und dennoch hatten viele Mütter täglich eine neue Ausrede, warum das Kind begleitet werden müsse bis zur Sitzbank.

In den ersten Wochen war es nicht einfach, auf die Kinder aufzupassen. Manche versuchten einfach nach Hause zu laufen, wenn sie auf die Toilette mussten. Die ersten Tage waren sowieso ein Abenteuer, wenn die Kinder sich nicht getrauten nach der Toilette zu fragen. Andere Kinder wiederum waren zu mutig. Maria stieg beispielsweise in der Pause auf unser mehr als 3 m hohes Klettergerüst, rief von ganz oben herunter „Schau mal was ich kann" und sprang einfach herab ins Kiesbett, als könne sie fliegen wie ein Vogel. Der Aufprall war hart, wir holten sofort den Notarzt. Noch auf der Trage erzählte sie im Beisein ihres panisch herbeigeeilten Vaters: „Ich konnte das im Schwimmbad doch auch, ich dachte man kann hier genauso hinabspringen." Es ist manchmal unbegreiflich, auf was für Ideen Kinder kommen.

Eltern von Grundschülern sind zu Beginn der Schulzeit meist sehr sensibel. Im Winter geriet ich mit Müttern aneinander. Achims Mama stand zu Beginn der ersten großen Pause noch immer schnatternd, obwohl es Winter war, mit einer anderen

201

Mutter am Schulhoftor. Ich war fast dabei, zu fragen, ob ich den Damen Kaffee bringen solle. Sie sah die Kinder aus dem Haus kommen, ihren Sohn fröhlich lachend zwischen den Mitschülern, und erstarrte. Ich sah sie mit erzürntem Gesicht auf mich zufliegen. „Hören Sie, Frau Bach, das geht aber nicht", schrie sie. „Sie können doch die Kinder nicht ohne Mütze ins Freie lassen! Wie können Sie so verantwortungslos sein! Wenn mein Achim krank wird, sind Sie schuld, und er ist doch so empfindlich an den Ohren!" Ich wurde immer kleiner. „Also ich verstehe Sie ja, aber ich kann doch nicht vor dem Klingeln 25 Kinder kontrollieren, ob sie sich anziehen." „Ja, doch, das müssen Sie! So etwas verbitte ich mir, Sie sind verantwortlich für die Kinder"... so zeterte sie während der ganze Pause herum und war nicht abzubringen. Ich war froh, als die Pause um war.

Am nächsten Tag achtete ich sehr genau, bevor es klingelte, dass die Kinder ihre Mützen aufsetzten. Der Martin hatte keine Mütze dabei, aber eine Kapuze. „Hör mal, Martin, du setzt bitte die Kapuze auf, sonst darfst du nicht hinaus." Widerwillig bedeckte er den Kopf. Am nächsten Morgen stand die Mutter in der Tür, im Klassenzimmer, obwohl den Eltern eigentlich das Betreten des Schulhauses untersagt war. „Also hören Sie Frau Bach, was Sie für einen Umgang mit Kindern haben, ich werde mich über Sie beschweren ..." Ich sah in dem Moment die Schulleitung mit gespitzten Ohren auf dem Flur stehen. „Wie können Sie es wagen, mein Kind zu zwingen, eine Mütze aufzusetzen! Mein Kind ist sechs Jahre alt, er entscheidet das selbst! Und ihm zu drohen, er dürfe nicht hinaus, was sind denn das für Methoden! Meinem Kind droht keiner, wagen Sie das nicht noch einmal, sonst gehe ich zur Schulaufsicht!!!" Sie wurde immer lauter und schriller, die Kinder schauten sie mit großen verängstigten Augen an. „Ja, ist gut," flüsterte ich, und zitterte. „Ich möchte nun bitte mit dem Unterricht beginnen." „Sie werfen mich hier nicht hinaus, das ist mein Kind, das ich Ihnen hier anvertraue ..." Ich sendete Stoßgebete zum Himmel... In so Momenten möchte man losweinen oder einfach davonlaufen.

Ein Junge schien besonders kräftig und verhielt sich auffällig in der Klasse. Ünal war im direkten Vergleich zu seinen Mitschülern zwar körperlich groß, in einigen Bereichen extrem zurückgeblieben und wenn er gereizt wurde extrem sensibel. Es fiel ihm schwer, einen Reißverschluss auf oder zuzumachen, oder einen Stift zu halten, und einfachste Verrichtungen kosteten ihn große Mühe.

Es waren überhaupt auffällig viele Kinder mit massiven Problemen in meiner Klasse. Es gab Kinder mit ADHS, Kinder mit Sprachschwierigkeiten. Ein Drittel der Kinder hatte bereits eine Diagnose. Ünal fiel auf, weil er bei der kleinsten Gelegenheit, wenn etwas nicht klappte, vollkommen ausrastete. Jemand brauchte ihn nur anzublicken, und er begann laut zu schreien, es flog der Stuhl, es flog der Schulranzen gegen Fenster, Mitschüler oder auch Lehrer. Andere Kinder bekamen Angst. Wir mussten nicht nur einmal den tobenden Ünal im Klassenzimmer zurücklassen und die Klasse in Sicherheit bringen, bis er sich beruhigt hatte. Irgendwann kamen die Eltern gesammelt zur Schule und verlangten, dass Ünal die Klasse verlassen müsse, sonst würden sie ihre Kinder abmelden.

Der Schulrat war entsetzt. Es gab keine Diagnose. So etwas ging nicht. Man könne kein Kind während der

Schuleingangsphase in den ersten drei Jahren einfach von der Schule werfen. Wir waren am beratschlagen. Eines Morgens im Morgenkreis besprachen wir gerade das Thema Kinderrechte, da erzählte Ünal, dass es doch normal sei, dass Kinder geschlagen würden. Er zeigte mir seine Wunden, was mich veranlasste, sofort das Jugendamt zu kontaktieren. Ab da war Ünals Verhalten vollkommen verständlich, er wurde dennoch in eine andere Schule versetzt. Er brauchte engmaschige Betreuung und eine kleine Gruppe.

Es gab viele traurige Geschichten. Josef saß nach den Ferien neben mir im Kreis und kratze sich. Er schrabbte die Arme blutig, und kratze und kratzte. Ich fragte: „Josef, warum kratzt du so? Das ist ja schon blutig, deine Haut, schau." „Ach, das weiß ich doch, Das kenne ich, ich war in den Ferien bei meinem Papa und da habe ich immer Krätze wenn ich zurückkomme." Oh lieber Himmel, dachte ich bei mir, rief sofort die Mutter an und hieß sie, das Kind abzuholen und einer adäquaten Behandlung zuzuführen. Krätze ist eine meldepflichtige Erkrankung, die man nicht auf die leichte Schulter nehmen darf und die äußerst unangenehm ist.

Zwei Tage darauf begann bei oder eher gesagt auf Emine das große Krabbeln, dies Mal am Haaransatz. Deutlich sichtbar im schwarzen Haar klebten weiß- gelbliche Nissen, und auf dem Scheitel krabbelte es munter hin und her. Läuse, dachte ich, als ich mich über Emine beugte, um die Deutschaufgabe zu kontrollieren. Sofort schwang ich mich ans Telefon. „Liebe Frau Yalcin, bitte holen sie Emine ab, sie muss behandelt werden. So darf sie nicht zur Schule kommen."

„Nix Arzt, muss arbeiten" tönte es aus dem Apparat. „Sofort, sie müssen sofort kommen". Kurze Zeit später wurde Emine Gott sei Dank abgeholt- und war zum Erstaunen aller eine halbe Stunde später wieder da. „Emine jetzt Bescheinigung von Arzt. Emine Schule", strahlte die Mutter. Sie reichte mir einen Zettel, auf dem die Behandlung der Läuse bescheinigt wurde. Das Mittel hierfür stand auf einem Rezept, und das Rezept war in Frau Yalcins Tasche. Doch mit dem Zettel des Arztes hatten wir tatsächlich keine Handhabe. Das Kind durfte zur Schule gehen. Natürlich ging dadurch das Krabbeln noch wochenlang weiter, diesmal auf Köpfen der anderen Kinder. Ich parfümiere mich an solchen Tagen intensiv mit Lavendelöl ein.

Die kleine Emma war ein besonderes Kind. Emma hatte die Erfahrung gemacht, dass Eltern einfach verschwinden. Zumindest der Vater hatte das so gemacht. Also hatte Emma während ihres ganzen ersten Schuljahres jeden Morgen geweint, aus Angst, die Mama könnte sich auch noch aus dem Staub machen. Emma schrieb keinen Buchstaben. Das tägliche Wimmern war entsetzlich. Erst unser Schulhund konnte sie dazu bewegen, ohne Heulen in der Schule zu bleiben.

Der kleine Sinan war auch ein harter Brocken. Er war stets lustig und fröhlich, doch sorgte er in der Klasse stets für Aufruhr. Er klaute mit seinen sieben Jahren wie ein Rabe. Vor dem ersten Weihnachtsfest füllte ich einen Adventskalender, so dass jedes meiner 24 Kinder ein Türchen aufmachen konnten. Wie lasen jeden Morgen eine Adventsgeschichte, was ich besonders liebte. Sinan beobachtete, dass die Säckchen des Adventskalenders voll waren. Er gab vor, in die Pause zu gehen, doch er wartete hinter der Türe, bis ich zur Kollegin in den

Nebenraum ging, und plündere dann alle Säckchen. Die Mutter wundere sich dann, woher all das Schokoladenpapier in seiner Tasche stammte.

Im Laufe der Zeit stellte sich heraus, dass einige Kinder in der Klasse unter Legasthenie litten, unter Dyskalkulie oder unter Lernbehinderungen. Leider dauerten Termine zur Diagnostik viele Monate, und nicht wenige Kinder verloren ganze Schuljahre, in denen sie oft mit ihren Eltern ohne Hilfe verzweifelten. Die Kooperation und Vernetzung mit dem Sozialpädiatrischen Zentrum der Stadt funktionierte gar nicht. Es war unsäglich traurig. Sowohl Kinder als auch Eltern hätten Hilfe und Entlastung gebraucht.

Es begann der Krieg in Syrien, und wir bekamen Kinder in die Klassen, die mit traumatischen Erlebnissen am Ende ihrer Flucht angekommen waren und nun in unsere Schule gingen. Meist sprachen und verstanden auch die Eltern kein Wort. Es waren reizende Kinder, allerliebste Jungen und Mädchen, die in meine Klasse kamen. Ich bewunderte das Tempo, in dem sie lernten, sie gaben sich unheimlich Mühe und machten große Fortschritte.

Natürlich gab es von der Schule aus kein Material, ich kaufe vieles selbst. Man sollte es nicht glauben, aber Lehrer geben locker vierstellige Beträge an Unterrichtsmaterialien übers Jahr aus. Man braucht Adventskalender und Arbeitshefte. Man braucht Pinsel, Farben, Malpapier. Man benötigt ein Abspielgerät, wie einen Kassettenrekorder oder heute wohl eher einen mp3- Player, oder Geschichten für den Morgenkreis. Ich erwarb privat einen brauchbaren Stuhl für den Lehrerschreibtisch, da der meine eine abgebrochene Lehne hatte und ich Rücken-schmerzen bekam. Dauerhafte Rückenschmerzen verbessern die Stimmung nicht. Man kann am Jahresende kaum glauben, welche Beträge sich da angesammelt haben, und bei jeder Ein-kommensteuererklärung streitet man sich dann um Kleinigkei-ten mit dem Finanzamt herum.

Um das Problem in unserem absurden System zu verdeutli-chen, schildere ich ein Beispiel: Unsere Schule besaß einen einzigen Fernseher und ein DVD- Abspielgerät für die ganze Schule. Dieses wurde benötigt, um die Filme zum Englischlehr-werk abzuspielen, die für die Englischübungen notwendig wa-ren. Dafür gab es eine Fernbedienung, ohne die war das Gerät nicht zu bedienen. Nun war die Batterie der Fernbedienung leer. Also marschierte ich zum Hausmeister. „Schau, hättest du uns eine neue Batterie? Diese funktioniert nicht mehr." „Du musst einen Antrag ausfüllen, den muss ich zur Stadt bringen, und dann bekomme ich mit der alten Batterie eine neue." Der Antrag umfasste zwei Seiten. „Das ist nicht dein Ernst."

Also füllte ich den Antrag aus, und der Hausmeister mar-schierte mit der leeren Batterie zur Stadt. Er kam zwei Wochen später zurück mit einem abgestempelten Schreiben, auf wel-chem vermerkt war, dass der Etat für dieses Schuljahr ver-braucht sei und man erst im neuen Schuljahr eine Batterie er-setzen könne. Inzwischen hatte ich beim Supermarkt einen Zehnerpack erworben. Ich konnte ja schlecht ins Zeugnis der Kinder schreiben: Erteilung des Unterrichts nicht möglich, da keine Batterie vorhanden.

Es ist traurig, wenn man mit solchem Unfug seine Zeit verplempert. Um den Kindern mit Entwicklungsverzögerungen helfen zu können, startete ich eine Weiterbildung zur Lerntherapeutin, nebenbei am Abend. Es gab leider für diese absolut wichtigen Bereiche keine Weiterbildungen für Lehrer. Diese Fortbildungen kosten schnell mehrere tausend Euro, doch schließlich mochte ich die Kinder, ich mochte die Klasse, und ich wollte helfen.

Die Förderung der Kinder mit Lernschwierigkeiten ist in den ersten Jahren unheimlich wichtig und später nicht aufzuholen. Schulen haben zwar Fördergruppen, doch ist dort eigentlich Lernförderung nicht möglich. Es gibt oft Unterricht, der nur in Kleingruppen sinnvoll ist, Ich hatte schon Gitarrenkurse mit 20 Kindern, in denen das Stimmen der Instrumente länger dauerte als die Stunde und das Geschrei der Kinder die Arbeit unmöglich machte. Wenn Eltern glauben, Schulen brächten ihren Kindern Schwimmen bei in zwanzig Minuten Wasserzeit alle zwei Wochen, ist das sehr optimistisch, und das kräfteraubende Chaos gönne ich gerne den Eltern, die bei solchen Stunden als Helfer immer willkommen sind.

Lesetraining mit 20 Kindern einmal die Woche ist ebenso sinnlos, weil man das einzelne Kind und mit seinen individuellen Schwierigkeiten gar nicht ausreichend kennenlernt, geschweige denn fördert. Die Kinder sind auf vollkommen unterschiedlichem Stand, und die Probleme haben unterschiedliche Ursachen. Während das eine Kind Verständnisschwierigkeiten mit der Sprache hat, hat ein anderes Probleme, die Laute zu Worten zusammenzuziehen, das nächste hat Probleme mit dem Verständnis von Sätzen.

Eine LRS Stunde pro Woche mit zwanzig Kindern könnte man auch gleich lassen. Während der eine mit grammatikalischen Strukturen kämpft, hat das nächste Kind Schwierigkeiten mit der Motorik oder der Konzentration. Es sind Stunden, die Schulen anbieten müssen, um gesetzliche Vorgaben zu erfüllen, und jeder weiß, dass das Vorhaben vollkommen nutzlos ist, weil die Stunde mit der Schülerzahl nicht sinnvoll gefüllt werden kann. Es frustriert höchstens die Kinder, die eine Stunde länger Unterricht haben und meist in der sechsten Stunde oder am Nachmittag sowieso nicht mehr aufnahmefähig sind. .

Was ich noch nicht verstehe ist, warum sich keiner gegen solchen Unfug auflehnt, oder tatsächlich ein Konzept ausdenkt, das funktioniert. Es gibt viele Beispiele für pädagogischen Unsinn, der mich wütend macht.

Aber nichtsdestotrotz unterrichtete ich an dieser Schule gerne, Wir konnten viele schöne Projekte starten und ich hatte wunderbare Erlebnisse mit den Kindern. Ich liebte die Waldtage, die Musikprojekte, die vielen schönen und lehrreichen Stunden.

An dieser Schule hätte alles so schön sein können, wäre nicht wie aus dem Nichts eine neue Schulleitung aufgetaucht wäre, und kurz nach ihr ein hässlicher Virus.

Was hätten wir gebraucht? Was wäre hilfreich gewesen?

➢ *weichere Übergänge vom Kindergarten zur Schule*
➢ *Frühdiagnostik*
➢ *aussagekräftige Schultests*
➢ *Hilfen bei Auffälligkeiten*
➢ *kleinere Klassen*
➢ *bessere Ausstattung*
➢ *Rückhalt der Vorgesetzten*

Wir bekamen in unserer Grundschule eine neue Schulleitung. Sie war sehr engagiert. Ihr größtes Anliegen war, alles im Griff zu haben, und dafür kontrollierte sie jeden Mitarbeiter und jede Mitarbeiterin. Sie überwachte jede Dokumentation und fühlte sich in der Rolle wohl, alles zu kritisieren. Pädagogische Freiheiten hatten nun ein Ende. Jeder Test musste vorgelegt werden, alles musste seine Ordnung haben. Sie tauchte ständig unangemeldet im Unterricht auf, schnüffelte überall herum und war sich auch nicht zu schade, Lehrerinnen vor den Kindern zurechtzuweisen.

Ihre fehlende pädagogische Kompetenz und Taktgefühl bewies sie auch im Umgang mit Eltern. Als ein Kind, das erst im nächsten Jahr eingeschult werden sollte, auf einem Schulfest auffällig wurde, da es angesichts des Lärms auf dem Schulhof die Flucht ergriff und gesucht werden musste, sagte die Schulleiterin der Mutter im Beisein des Kindes ins Gesicht: "Na, ich sehe schon, mit dem Früchtchen werden wir Freude haben."

Ein anderes Mal wurde ein sechsjähriges Mädchen mit massiver Schulangst von der Schulleitung gewaltsam dem Haltegriff an der Mutter entrissen und brüllend gegen seinen Willen zum Klassenzimmer geschleift. Für mich war hier die Grenze zu Gewalt gegen das Kind eindeutig überschritten, zumal das Mädchen den Rest des Tages wimmernd in der Ecke saß.

Es kam zu mehr Vorfällen, die mir zu denken gaben. Ich selbst war als Religionspädagogin mit dem Thema

Trauerbegleitung wohl vertraut, hatte einige Fortbildungen in dem Bereich Seelsorge besucht, und als ein Mädchen unserer Schülerschaft verstarb, wäre es an mir gewesen, den Prozess zu begleiten und zu lenken. Die Schulleiterin ließ es sich nicht nehmen, einen Altar im Foyer aufzubauen, der mehr als zwei Jahre stehen bleiben musste.

Jedes Kind kam morgens an dem Altar vorbei. Freilich war es angemessen, Formen des Abschieds zu finden, doch war das was hier geschah ein Verharren im Trauerprozess, anstatt die Kinder dort wieder hinaus und in den Alltag zu führen. Trauer braucht ihren Platz, aber gleichzeitig braucht es Anreiz sich daraus zu lösen und den Abschied als normalen Teil des Lebens zu begreifen.

Für die Kinder war dieses Verharren in Trauer absolut nicht gesund, doch hätte diese Schulleiterin niemals jemandes Kompetenzen in solchen Fragen akzeptiert. Die Dinge hatten so zu laufen, wie sie sich das vorstellte. Eine Diskussion mit ihr war sinnlos, und sie machte keinen Hehl daraus, das sie Widerspruch gegen ihre Entscheidungen weder wünschte noch duldete.

Wir schrieben stets über Weihnachten Textzeugnisse, die Ende Januar fertig gedruckt, unterschrieben und gesiegelt sein mussten. Meine Kollegin war hoch schwanger und kam kurz vor Weihnachte in Mutterschutz. Natürlich bestand die Schulleiterin darauf, dass sie die Zeugnisse fertigmachte, übergab dem Ehemann den Packen Unterlagen, der sie mit in den Kreissaal nahm, um sie unterschreiben zu lassen. Ich hätte, egal wie engagiert ich als Lehrkraft bin, zwischen den Wehen wenig Lust, Zeugnisse zu unterzeichnen.

Die neue Schulleiterin kontrollierte alle Textzeugnisse, und fand jedes Mal in meinen unsäglich viele Fehler. „Letztes Jahr konnte der Schüler Melodien singen, dieses Halbjahr nicht mehr? Das muss geändert werden." Sie fand jede Ungereimtheit. Ich seufzte und änderte alles, woraufhin sie meinte, meine Zeugnisse seien zu wohlwollend und zu gut, ich müsse den Spielraum besser ausschöpfen. Also gab ich mich nochmals an die Arbeit.

Meine Schülerin Lara hatte eine Bemerkung im Zeugnis stehen, die trefflicher nicht hätte sein können: „Lara vergisst häufig ihre Hausaufgaben". Lara war ein liebes, aber unsäglich vergessliches Kind. Natürlich rauschte die Mutter erbost zur Schulleiterin. „Ich habe jeden Tag bei den anderen Eltern telefonisch nachgefragt, was auf ist. Lara hatte immer ihre Aufgaben." „Ja, ich hatte ihrer Tochter Lara ein Zeugnis geschrieben, nicht ihnen" bemerkte ich, als ich im Flur hinzukam.

Die Mutter rauschte siegessicher davon und zwei Tage später hatte ich Post vom Anwalt. Der Eintrag im Zeugnis müsse heraus. Wir nahmen beim Schulrat eine Beratung in Anspruch. Es hieß, meine Dokumentation sei nicht vollständig.

Man beschloss per Schulkonferenz, dass ab diesem Tag jede Lehrkraft alles dokumentieren musste. Wenn ein Elternbrief nicht abgegeben wurde, wenn eine Hausaufgabe fehlte, wenn irgendeine Kleinigkeit nicht richtig war, musste alles aufgeschrieben werden, so, dass jeder Vorgang eindeutig belegt werden konnte und nachvollziehbar war.

Bei drei Mal Vergessen musste ein Brief an die Eltern verfasst und dieser in Kopie der Akte beigelegt werden, um die Eltern frühzeitig zu informieren. Nach drei solcher Ermahnungen dürfe dann die Eintragung ins Zeugnis. Das Ganze war für jede Lehrkraft eine halbe Stunde Mehrarbeit am Tag. Um es nochmal zu betonen, wir sprechen hier von einer Beurteilung von Sechsjährigen, nicht von einer Doktorarbeit eines Juristen oder Mediziners.

Angesichts dieser Pedanterie nahmen sich manche Eltern vieles heraus, ohne irgendwelche Regeln zu beachten. Sie parkten mit laufendem Motor auf dem Bürgersteig vor dem Schultor im absoluten Halteverbot. Das Verhalten nahm Ausmaße an, dass sich Ordnungsamt und Polizei veranlasst sahen, das Treiben von einem Fernsehsender filmen zu lassen. Im Film war zu sehen, wie eine Mutter einen Polizisten in Uniform anranzte, ob er nichts Besseres zu tun habe, während sie durch ihr Wenden auf dem Bürgersteig Kinder anderer Eltern gefährdete.

Eltern rannten ohne Erlaubnis im Schulhaus herum und störten uns im Unterricht. Es kam nicht nur einmal vor, dass ein Vater ohne Ankündigung im Klassenzimmer stand, weil er die Teilnahme des Sohnes an irgendeinem Schulprojekt diskutiert haben wollte. Im Großen und Ganzen verhielten sich viele sehr respekt- und grenzenlos.

Eine andere Mutter, der ich erlaubt hatte, aufgrund der Schulangst ihres Kinds und der traumatischen Kriegserfahrung in ihrem Heimatland (die Familie waren mit dem Boot über das Mittelmeer geflüchtet) die ersten Tage für eine kurze Weile im Klassenzimmer dabei zu sein, konnte ich gerade noch abhalten, sich in der Klasse eine Zigarette anzuzünden, während sie mit dem Handy lautstark arabische Musik hörte. Wir hatten gerade Mathematikunterricht, und es war schwer, ihr ohne Arabischkenntnisse deutlich zu machen, dass ihr Verhalten so nicht mit dem Unterricht kompatibel ist.

Es erfordert viel Selbstbeherrschung, wenn man als Lehrkraft morgens mit seinem Fahrzeug den letzten leeren Parkplatz auf dem Lehrerparkplatz ansteuert, und ein Vater wissentlich vor einem sein Auto in die Lücke hineinsetzt und einem vor die Nase fährt, um mit seinem Sohn mit laufendem Motor auf die Schulglocke zu warten, damit er nicht vor dem Schulhaus mit den anderen in der Kälte warten muss. Er grinste hämisch, ich meinte einen Stinkefinger zu erkennen, fuhr dann um des Schulfriedens willen um den Block, um dann bepackt wie ein Packesel zweihundert Meter zum Schulhaus zu joggen, um nicht zu spät zu kommen.

Viele Eltern zeigten deutlich, dass sie nicht gewillt waren, einer Lehrkraft ein wenig Rücksicht oder gar Respekt gegenüber zu bringen. Ich verlange beileibe nicht, dass Eltern einen Knicks machen, wenn sie mich sehen, aber vor dem Kind, das man 4 Jahre zu betreuen hat, offen das Kriegsbeil auszupacken ist wenig förderlich.

Ich hätte es auch geschätzt, wenn Eltern Dinge, über die sie unglücklich sind, mir gegenüber freundlich angesprochen hätten, damit man eine gemeinsame Lösung findet. Man kann über alles reden. Aber hinterrücks Schulräte einzuschalten, den Schulleiter mit Kleinigkeiten zu belästigen, die man im Gespräch hätte beiseite räumen können, war nicht in Ordnung. Es gibt eine vorgeschriebene Reihenfolge, wer wann zu kontaktieren ist, und als erstes ist die Klassenlehrerin Ansprechpartnerin für Klärungsbedarf. Dann erst kommen Schulleiter.

Es ist schön, dass Eltern zu ihren Kindern stehen, doch sollte man noch wissen, welche Rolle einem zusteht, und ob nun Strafverteidigung oder Erziehung gefragt ist. Meine Kollegin hatte ein neues Auto, einen roten Golf. Dieser war auf dem Lehrerparkplatz geparkt hinter einem Gebüsch, direkt am Zaun des Schulhofes. Hinter diesem Gebüsch zu spielen war den Schülern verboten. Pavel und sein Freund Juri hielten sich nicht daran, sondern machten sich einen Spaß daraus, das Auto von dort aus mit Steinen zu bewerfen, woraufhin der Lack Kratzer und das Blech deutliche Beulen hatte. Sie wurden von einem Nachbarn gesehen, der auf den Schulhof kam und die beiden am Kragen ins Rektorat schaffte.

Die Väter der Knaben wurden von der Sekretärin angerufen und sofort in die Schule bestellt. Nun hätte man meinen können, die Bengel wären für ihr Verhalten gerügt worden. Nein, weit gefehlt. Die Aufsicht führende Kollegin wurde angeschrien. Sie habe ihre Aufsichtspflicht verletzt, er (der Vater) werde ganz sicher keine Haftpflichtversicherung in Anspruch nehmen. Den Jungen wurde auf die Schulter geklopft mit den Worten „der hab ich`s gezeigt" und so ging man davon.

Wenige Tage später hatte ich Aufsicht und fand Juri auf dem Schulhof vor, wie er wie wild mit Stiefeln an den Füßen auf ein andres Kind eintrat, welches am Boden lag. „Juri, hör auf" rief ich. Er trat weiter auf den Unterleib des Kindes ein, das sich nicht mehr rührte. Ich schnappte mir den Wüterich an der Jacke, worauf er wie wahnsinnig gegen die Umklammerung ansprang und tobte. „Lass es" schrie ich. „Geh rein und beruhige dich".

Juri verschwand im Schulhaus. Doch statt sich vor dem Sekretariat auf einen Stuhl zu setzen, lief er schnurstracks zu den Räumen der OGS, der Mittagsbetreuung, welche bereits personell besetzt war. „Die Lehrerin hat mich gewürgt und geschlagen," beklagte er und zeigte einen roten Fleck am Arm und am Hals, wo der Reißverschluss der Jacke endete. Die OGS- Mitarbeiterin rief sofort den Kinderschutzbund an, und schickte die Fotos der „Verletzungen" aufs Handy des Vaters von Juri, mit dem Hinweis er solle mich anzeigen. Ich war zu dem Zeitpunkt völlig ahnungslos.

Als der Vater wenige Minuten später eintraf, um Juri abzuholen, war von roten Flecken schon nichts mehr sichtbar. Der ganze Vorfall wurde sofort zur Schulleitung getragen, die sich die Geschichte von Juri in epischer Breite anhörte. Erst als sie die Geschichte aufarbeitete, nachforschte, die umstehenden Schüler befragte, wurde mir geglaubt und die korrekte Version an die Schulaufsicht weitergeleitet. Natürlich mussten Berichte geschrieben werden zu dem Vorfall.

Nun war es glücklicherweise so, dass der Schulrat mir später Recht gab, es sei meine Pflicht gewesen, derart einzugreifen. Ich habe schließlich die körperliche Unversehrtheit der Mitschüler sicher zu stellen. Wenn auf ein liegendes Kind eingetreten wird, das sich nicht wehrt, sei der Fall klar und in dem Falle, wenn das aggressive Kind auf Ansprache nicht reagiert, müsse ich zugreifen und es vom am Boden liegenden Kind entfernen. Dass man sich dann zuerst um das Opfer kümmert, sei auch nachvollziehbar.

Juris Vater hingegen hetzte in allen WhatsApp Elterngruppen gegen mich, so dass wilde Gerüchte über mich die Runde machten. Noch fünf Jahre später wurden mir Geschichten zugetragen von Eltern, was ich angeblich gemacht habe. Als Lehrkraft hat man wenig Chancen, sich gegen derartigen Rufmord zur Wehr zu setzen, und sie belasten einen psychisch sehr.

Die Sozialen Medien sind, was solche Vorfälle angeht, ein Fluch. Einerseits ist es reizvoll, schnell Informationen austauschen zu können, etwa wenn Unterricht ausfallen muss oder ein Kind abgeholt werden soll, andererseits ist es schrecklich, dass Eltern Diffamierungen befeuern können, die man nicht mehr aus der Welt schaffen kann.

In all diese Unruhe kam nun Corona. Die ersten Berichte aus Italien schwirrten durch das Radio und in den Schulen brach Panik aus. Der allgemeine „Wir werden alle sterben- Modus" griff an Schulen um sich. Ängstlich schaute man sich um, wer ansonsten harmlose Symptome zeigte. Es wurde plötzlich desinfiziert, was zuvor nie geputzt wurde, und jeder Mensch wurde

misstrauisch beäugt, ob er sich womöglich in einer Menschen-
gruppe aufgehalten hat, in der ein Virus kursieren könnte. Man
kündigte Leichenberge an, furchtbare Szenarien, Horrorfilmar-
tige Zustände, in denen ein Killervirus die ganze Bevölkerung
dahinrafft.

Als die ersten Schulschließungen verkündet wurden, wun-
derte man sich über die Vorgehensweise. Die Bezirksregierung
brachte freitags nach 1 Uhr die Nachricht heraus, dass die
Schulen in der Woche darauf geschlossen bleiben mussten. Es
konnte nicht gewährleistet werden, dass wir die Eltern erreich-
ten. Also informierte jede Klassenlehrerin die Eltern einzeln, te-
lefonierte übers Wochenende oder bracht Post nach Hause.
Die Abläufe waren eine Katastrophe, da viele Eltern ihr Fehlen
auf der Arbeit so kurzfristig auch nicht organisieren konnten.
Man konnte meinen, es sei beabsichtigt gewesen, derlei Nachrichten immer fünf Minuten zu spät zu bringen und die Handlungsmöglichkeiten der Beteiligten so zu beschränken, dass sie
allein dadurch in Organisationsnot kamen.

Für mich war schon immer vollkommen unverständlich, weshalb Schulen so geplant waren, dass man an Orten, an denen
Viren und Bakterien ständig umherkreisten, wo Grippekrankhei-
ten, Durchfälle, Kinderkrankheiten wie Mumps und Röteln kur-
sierten, mindestens acht Türgriffe bedienen musste, um vom
Schulhof bis zum Klassenzimmer zu kommen.

In Krankenhäusern und anderen öffentlichen Gebäuden hat
man durch automatische Türanlagen häufig schon Abhilfe geschaffen, nicht so an Schulen, obwohl es da dringend notwendig wäre. Die Sparmaßnahmen an Putzpersonal sind an

solchen Orten verheerend und mit ursächlich für die rasante Verbreitung von Erkrankungen.

Wir hatten schon häufig Erfahrung damit, meistens um Karneval herum, wenn der Spiegel an Vitamin D bei allen Menschen der Bevölkerung aufgrund des Winters und fehlenden Sonnenlichtes niedrig war, wie rasant Erkrankungen sich verbreiteten. Wenn zwei Drittel aller Kinder mit Brechdurchfällen zu Hause waren (oder zu Hause hätten sein sollen) machte das Unterrichten eigentlich keinen Sinn mehr.

Das Ganze hätte sich nicht so verbreitet, wären die Eltern nicht der Meinung, sie können doch nicht schon wieder zur Betreuung des Kindes zu Hause bleiben, es müsse in die Schule, auch wenn es zuvor noch in der Haustür erbrochen hatte. Es ist keine Frage, dass hier die Gesellschaft gefragt wäre, Menschen mit Erziehungsaufgaben zu schützen vor Repressalien der Arbeitgeber, und ihnen das Recht zugestehen müsste, ein krankes Kind zu betreuen. Wir haben zwar Erziehungsurlaub bei Geburt eines Kindes, dich der Betreuungsbedarf endet ja nicht mit der Sicherung eines Kindergartenplatzes, er geht weit darüber hinaus.

Für viele Alleinerziehende ist das ein Spagat, die Betreuung des Kindes zu gewährleisten und arbeiten zu gehen. Die Schulen haben weit mehr Ferien als eine Alleinerziehende Urlaubsanspruch. Kommen noch Krankheitszeiten dazu, ist es beinahe unmöglich, allem gerecht zu werden.

Die Kinder saßen oft bleich und grün im Gesicht im Morgenkreis. Ich bemerkte das, fragte die Kinder nach ihrem Befinden und bekam meistens das Drama brühwarm erzählt. Es gab Kinder, die von den Eltern zur Lüge angewiesen worden waren, das sah man ihnen jedoch von weitem an. In dem Fall wurde herumgedruckst, gestottert und abgestritten.

Freilich war es traurig, dass bei Eltern kein eigenverantwortlicher Umgang mit der Entscheidung, ob der Nachwuchs besser in der Schule oder zu Hause aufgehoben sei, selbstverständlich oder machbar war. Ich kann das Dilemma wohl nachvollziehen, in das Mütter geraten, wenn sie mit unsicherem Job ihre Arbeit absagen müssen, weil ein Kind die dritte Grippe des Jahres mit nach Hause schleppt, aber auch da ist die Gesellschaft gefordert, Lösungen zu suchen und zu finden. Die Kinder leiden schließlich darunter, wenn sie krank und erschöpft zur Schule kommen müssen.

Leider sind an diesem Punkt immer noch die Frauen die Leidtragenden, die oft die Hauptlasten bei der Kinderbetreuung tragen. Wie oft hörte ich von Männern sagen: „Ja das Kind lebt bei der Mutter. Ich kann dafür nicht sorgen, ich muss ja arbeiten." „Ja, das muss ihre Frau auch. Oder finanzieren Sie die Wohnung und ihr Leben?" Dann hört man meistens nur noch peinlich berührtes Gemurmel. Die Frauen müssen meist froh sein, wenn der entschwundene Göttergatte hin und wieder Unterhalt überweist.

Wenn es tatsächlich passierte, dass ein krankes Kind in der Schule im Unterricht erbrach, hatte man verbotenerweise Katzenstreu im Schrank, welches die Ausbreitung des Gestanks zu verhindern in der Lage war. Man musste warten, bis der

Hausmeister mit Desinfektionsmitteln anrückte, was mehrere Stunden dauern konnte.

Hausmeister haben heutzutage oft mehrere Schulen zu betreuen, und so ist man froh, wenn er am selben Tag noch auftaucht. Man hatte selbst keinerlei Zugang zu Putzwerkzeug, und das nasse Gebrösel mit Papiertüchern aufzunehmen war dann doch zu ekelig. Der Hausmeister desinfizierte notdürftig den Boden, die Tische jedoch, an denen das Kind saß, die Stühle, die verunreinigten Gegenstände blieben unberührt. Das machten dann wir Lehrkräfte, und sprühten mit (ebenso verbotenen) Mitteln aus dem nächsten Supermarkt herum, in der Hoffnung die Flächen wären daraufhin sauber.

Ich bin mir bewusst, dass diese Form der Reinigung mehr unserem Seelenwohl diente, als tatsächlich etwas an der viralen Ausbreitung zu ändern. Es kostete mich jedoch zu viel Überwindung, mich an Tische und Stühle zu setzen, an denen zuvor gerotzt, gehustet oder erbrochen worden war.

Zweifellos war ein Magen-Darm-Virus zwar scheußlich, doch Corona, das muss ich zugeben, nochmals eine Steigerung, da man die Erkrankung überhaupt nicht einschätzen konnte- zumindest zu Beginn nicht. Die ganze Welt schien immer mehr im Panikmodus zu versinken und den nahenden Tod zu erwarten.

Auf Corona war man überhaupt nicht eingestellt. Der Digitalisierungsprozess hatte an unserer Schule noch gar nicht begonnen. Wir waren noch in der Phase „Bildet Arbeitsgruppen und erstellt ein Konzept zur Mediennutzung in den einzelnen Fächern, um einen Antrag auf Computer zu stellen", doch es gab noch kein funktionierendes Internet an unserer Schule. Für die Phase der Schulschließung gab es aufgrund des Ist- Standes an Netzstärke und natürlich aufgrund fehlender technischer Möglichkeiten keine Chance auf digitalen Unterricht. Mehr als ein Drittel unsrer Schüler hatte keinerlei Zugang zu Endgeräten und die Nutzung des Internets, um zu unterrichten, fiel damit flach.

Ein für mich großes Dilemma wären auch Datenschutzgesichtspunkte gewesen. Unsere Tochter, eine Gymnasiastin, saß während des Lockdowns halb nackt vor einem Laptop, die Bekleidung des Oberkörpers war ja ausreichend, tauchte mit den Worten „Ich hab ein Meeting" in ihr Zimmer ab und kam nicht mehr heraus. Ich verbrachte die Zeit meiner online- Konferenzen am Herd und rührte in Töpfen, während das Handy am Küchenregal hing, so dass ich die Besprechung mehr schlecht als recht verfolgen konnte.

Wichtig war, dass das eigene Kürzel zu Beginn der Konferenz am Monitor der Schulleitung erschien und die Anwesenheit vermerkt wurde, dann schaltete man die Kamera ab. Manche Kollegin musste während der Konferenz ermahnt werden, das Mikrofon auszuschalten, wenn der Staubsauger lief. Bei vielen konnte auch die Internetleitung zusammenbrechen, so dass sie wie von Geisterhand verschwanden.

Mein Mann wusste nicht mehr wohin im eigenen Haus, denn er durfte sich während des Gesprächs über Schüler und dem Austausch sensibler Daten nicht in der Küche aufhalten, doch konnten wir ja nicht ständig Privaträume für Familienmitglieder sperren. Es war alles einfach chaotisch. Im Grunde wusste keiner, wer den Unterricht oder die Konferenzen mit anhörte. Diskretion oder Datenschutz waren damit hinfällig.

Zuvor wäre bei der Nutzung mancher Programme in Schulgemeinschaften die vollkommene Panik ausgebrochen, gegen Datenrichtlinien zu verstoßen. WhatsApp war angeblich nicht Datensicher und durfte nicht verwendet werden. Ich fragte mich ernsthaft, welcher Hacker sich dafür interessierte, ob der Henry-Pascal aus der 3a Durchfall oder Läuse hatte, aber Vorschrift ist eben Vorschrift.

Während Corona jedenfalls saßen in manchen Familien mehrere Kinder um einen Computer herum, denn man hatte bei vier Kindern nicht für jedes Kind einen eigenen Computer im Haus, und alle hatten gleichzeitig Meetings. Um es kurz zu machen, die Teilnahme am Onlineunterricht stellte für viele ein organisatorisches Problem dar.

Wir beschlossen an der Grundschule, den Kindern Aufgaben zu kopieren und bereitzustellen, welche von den Eltern in Umschlägen auf dem Schulhof ansteckungssicher abgeholt werden sollten und die erledigten Aufgaben sollten auch dahin zurückkommen. Allein der Kopierprozess führte zu Chaos, wenn man einen Kopierer hat und 12 Klassen, die bedient werden müssen. Also fuhr ich nachts in die Schule. Mich wundert heute noch, dass man mich damals nicht verhaftet hat, wenn ich um Mitternacht mit der Taschenlampe durchs Schulhaus lief und im Kopierraum herumwerkelte.

Es gab Kinder, da wurden die Aufgaben einfach nicht abgeholt. Ich packte mir die Sachen in den Fahrradkorb und brachte sie zu den Kindern hin, doch meistens traf ich niemand an. Manche Familien waren einfach abgetaucht oder schickten die Kinder zu anderen Verwandten. Die Schüler waren einfach nicht erreichbar und blieben wochenlang verschwunden. Um die Aufgaben kümmerte sich niemand. Von einem anderen Teil der Schüler bekam ich jedes sauber ausgefüllte Arbeitsblatt von den Eltern per Foto geschickt mit der Erwartung, ich würde täglich die Aufgaben ausdrucken, korrigieren und zurücksenden.

Im Grunde oblag es den Eltern, ihre Kinder zu unterrichten, was mehr schlecht als recht gelang. Die einen konnten bei der Bearbeitung der Aufgaben helfen, den einen war es zu viel, den anderen zu wenig. All die Unzufriedenheit bekamen wir als Lehrer ab.

Um die Kinder nicht gänzlich zu verlieren, und Müttern aus systemrelevanten Berufen die Arbeit zu ermöglichen, wurde eine Notbetreuung eingerichtet. Es waren etwa die Hälfte aller Kinder, welche ab da in der Notbetreuung betreut wurden. Unterricht war nicht erlaubt, um diese Kinder nicht zu bevorzugen. Man musste sie also mit den Arbeitsblättern beschäftigen, die jede Klassenlehrerin ausgegeben hatte.

Eine große Schwierigkeit stellte dar, dass die Kinder gruppenweise auf dem Hof Pause machten, in Begleitung der zuständigen Notbetreuung. Auch das Personal durfte keine Gruppe wechseln oder für irgendjemand anderes auch nur kurzfristig einspringen. Man hatte selbst keine Pause.

Die Kinder unterschiedlicher Gruppen durften sich nicht begegnen. Die Vorgaben waren streng. Es durfte von keinem anderen Kind Material berührt werden. „Gib mir mal den Radiergummi" war unmöglich.

Praktisch gesehen sah das so aus, dass die Kinder mit Masken und 2 m Abstand morgens zu genau einer vorher definierten Zeit vor dem Schultor warteten. Die Eltern hatten die Kinder nicht 5 Minuten vorher oder zu spät zu bringen, denn da wartete die nächste Gruppe. Die Kinder wurden hereingelassen, sollten sich vor dem Waschbecken im 2 m Abstand aufreihen und mussten Hände waschen.

Allein das waren den Kindern der unteren Klassen nicht möglich. Manche Lehrkräfte versuchten es und fauchten die Kinder die ganze Zeit an, Abstand zu halten. Man beobachte bitte einmal die Disziplin beim Aldi an der Kasse, wie viele Erwachsene dieser Aufgabe nicht mächtig sind.

Dann setzen sie sich an Tische, die wir im 2 m Abstand mit einem Stab abgemessen aufgestellt hatten. Die meisten Kinder hatten Desinfektionsmittel in der Tasche, und viele übertrieben so, dass sie Hauterkrankungen davontrugen, die wiederum ärztlich behandelt werden mussten.

Die Kinder saßen dann mit ihren Masken am Tisch, die durchtränkt waren von Speichel und Rotz. Zum Trinken durften sie die Masken abnehmen, dann schmierten sie mit den bunten Masken auf den Tischen herum. Die Masken waren, ohne Zweifel, ein grauenhafter Bakterienherd, und es war unerträglich zu sehen wie die Kinder damit umgingen, sie austauschten, auf den Boden warfen und wieder aufsetzen oder tagelang denselben Lappen vors Gesicht gebunden bekamen.

Es war nicht so, dass Mediziner sich über Sinn und Unsinn einig gewesen waren. Mancher hat kurz zuvor noch vehement bestritten, dass ein Stofftüchlein Viren aufzuhalten vermag. Es steht mir nicht zu, dazu Stellung zu nehmen.

Ich kann nicht belegen, dass eine Maske schützt. Was ich jedoch weiß ist, dass Angst krank macht.[19] Was ich als Pädagogin weiß, ist, dass Kinder massiv verunsichert waren, und die Lehrenden nicht weniger. Es herrschte die pure nackte Angst im Schulhaus.

Die Bedeutung von Mimik zur Einordnung der Stimmung eines Menschen bei Begegnungen ist bekannt. Besonders für mich als Autistin, die damit sowieso Schwierigkeiten hat, und mit Schwung von Fettnäpfchen zu Fettnäpfchen hüpft, war es schwierig, mit den Menschen umzugehen.

Was wir in der ersten Klasse zum Ziel hatten, war bei Kindern ein Phonologisches Bewusstsein zu schaffen, und dieses nun mit verdecktem Gesicht. Phonologisches Bewusstsein heißt, dass Kinder die Lautstruktur der Sprache bewusst erkennen, was Voraussetzung für den Schriftspracherwerb ist.

Üblicherweise verbringt man viele Stunden damit, Kindern Worte deutlich vorzusprechen. Sie sprechen nach, ahmen die Mundbewegungen nach, hören genau auf die Lautbildung. Dass dies nicht möglich ist mit einer Maske vor dem Gesicht wird jedem einleuchten. Auch beim Erwerb von deutschen

---

[19] Pan American Health Organization: PROTECTING MENTAL HEALTH DURING EPIDEMICS 2006.

Sprachkenntnissen ist es notwendig, die Laute formklar und deutlich wahrzunehmen. Ein genuscheltes Gemurmel in eine Staubschutzmaske reicht da nicht.

Es reduzierte sich auch der eigene Sprechanteil. Ich fühlte mich unwohl beim Sprechen mit Maske. Man musste mit viel Druck sprechen, um gegen eine Staubschutzmaske anzukommen, wobei im Klassenzimmer Lehrerstimmen von je her sehr in Anspruch genommen werden. Man hat nicht umsonst das Fach Sprecherziehung im Studium. Erkrankungen des Stimmapparates sind bei Lehrern weit verbreitet.

Auch die Stimmung kommt anders beim Gegenüber an, wenn man dauerhaft heiser durch die Maske durch die Maske schreit. Mir taten die Kinder leid, die oft meinten, ich sei schlechter Laune oder habe geschimpft, derweil versagte mir einfach die Stimme.

De Kinderstimmen zu hören war in der Maskenzeit deutlich schwieriger. Kinder sprechen häufig leise. Hinter einer Maske sprechen sie noch leiser. Für den Unterricht war das Tragen der Masken nicht förderlich.

Während die Kinder in den Pausen auf dem Hof im Abstand von 2 m mit Masken im Gesicht im Kreis laufen durften, erlaubten die Erzieherinnen im Nachmittagsbereich die Benutzung von Spielgeräten. Für die Kinder waren die Regelungen nicht verständlich, und für die Eltern auch nicht.

Während die übervorsichtigen Eltern im Auto Masken trugen (wie aßen diese Eltern mit ihren Kindern, fragte ich mich?

Trugen sie am Mittagstisch auch Masken?) und sich echauffierten, wenn nicht alle 20 Minuten gelüftet wurde, oder die Lehrkraft gar zum Vorlesen einer Geschichte mit genügend Abstand die Staubschutzmaske herunterzog, attackierten andere Eltern die Lehrkräfte auf dem Schulhof, weil die Kinder im Freien Masken zu tragen hatten. Mancher war sogar zu aggressiven Handlungen bereit, so wurde ein Kollege auf dem Hof während der Aufsicht geschubst und dabei angeschrien.

Wirkliche Coronagegner gab es auch. Sie verboten den Kindern, eine Maske anzuziehen und gingen gezielt gegen die Schule vor. Sie brachten uns als Lehrkräfte in ein schweres Dilemma. Schickte man das Kind nach Hause, oder akzeptierte man medizinische Bescheinigungen? Die Anweisung von oben war klar. Die Kinder hätten nicht zur Schule kommen dürfen.

Die Kinder begannen, sich von Eltern angestiftet Notizen zu machen, welche Lehrkraft sich nicht an die Regeln hielt, zu lange oder zu kurz lüftete oder die Maske abnahm. Andere hingegen machten uns schere Vorwürfe, dass wir die Regeln umsetzen.

Dass wir einfach nur Dienstanweisungen umzusetzen hatten und nichts, aber auch gar nichts von uns beeinflussbar war, auf diese Idee kam niemand. Wir bekamen Dienstmails darüber, wie die Dinge zu handhaben waren und haben es so gemacht. Wer hatte da schon Möglichkeiten, Vorschriften in Frage zu stellen? Einerseits war die Handlungssicherheit angenehm, andererseits fragt man sich im Nachhinein, ob man es sich hätte so einfach machen dürfen.

Es war die Zeit, in der Polizisten auf Skipisten Kindern ohne Maske hinterherjagten oder Jugendliche an Bushaltestellen wegen nicht sachgerecht getragener Maske Strafzettel bekamen. Ich tat mich schwer damit, Kindern Dinge abzuverlangen, die sie weder verstehen noch sachgerecht damit umgehen konnten, und im Grunde wir als Lehrkräfte auch nicht.

Das Toilettenpapier wurde knapp. Die Menschen begannen, sich vollkommen absurd zu verhalten. Die Kinder wurden in der Zeit fürchterlich gegängelt, und ich ertappte manche Kollegin dabei, die Kinder anzupflaumen: „Du musst doch die Regeln einhalten, oder willst du, dass die Oma stirbt?"

Es durfte der Bruder der Schwester in der anderen Betreuungsgruppe kein Brot bringen, ehe musste die Schwester hungern. Die Freundin durfte kein Geburtstagsgeschenk überreichen, denn es könnte Viren enthalten. Die Kinder durften kein Ballspiel spielen und auf kein Klettergerüst steigen. Es war absurd.

Ich konnte diese Gängelei fast nicht mehr ertragen. Ich war täglich in der Notbetreuung. Es machte mir nichts aus, mit den Kindern in Kontakt zu sein, während Kolleginnen Todesangst litten. Ich machte gerne Dienst für eine Kollegin, die ihre Oma über Weihnachten besuchen wollte, und furchtbar Angst hatte, sie anzustecken. Mir taten die Ängstlichen leid.

Wir sollten die Kinder täglich testen. Ich hatte Schwierigkeiten damit, fremden Kindern in Körperöffnungen herumzustochern. Kleine Kinder bekamen die Teströhrchen nicht auf, man musste helfen. Während in Testzentren Menschen arbeiteten, die in ihren Anzügen mit drei Masken und Schilder übereinander wie Astronauten auf dem Mond aussahen, stand ich ohne Handschuhe mit einer Stoffmaske in der Schule und testete Kinder. Man machte uns klar, den Dienst zu verweigern führe zu sofortiger Entlassung. Die Remonstrationspflicht, so teilte man uns mit, war plötzlich tabu.

Natürlich kam es zu positiven Tests. Die Kinder mussten sofort separiert werden und auf dem Flur auf Abholung warten. Die betroffenen Kinder wurden panisch und reagierten mit Weinen, wenn sie wie Aussätzige behandelt wurden, von den anderen ängstlich beäugt wurden und ein Getuschel losging zwischen Kindern und Eltern. Hatte die Familie sich nicht an die Regeln gehalten?

Natürlich ging auch in den sozialen Medien die Hetzerei los, wer sich denn hier nicht an Maßnahmen gehalten hatte und wer schuldhaft andere gefährdet hat. Fakt war jedoch, dass die wenigsten dieser Kinder überhaupt erkrankt waren. Es waren gesunde Kinder ohne Symptome, die da isoliert wie Leprakranke auf den Fluren saßen, die seelische Not hatten und um die die Schulsekretärin mit bösen Blicken im Abstand mehrerer Meter herumschlich, um einem schluchzenden verängstigten Kind an den Kopf zu werfen „Die Mama kommt gleich".

Es war die Zeit, wo man Eltern vorschlug, kranken Kindern das Essen unter der Tür durchzuschieben und im Falle einer Erkrankung Ordnungshüter in der Türe standen, um zu kontrollieren, ob man auch zu Hause war. Manch einer führte den Hund aus im Bewusstsein, sich damit strafbar zu machen. Es war unvorstellbar, dass man kriminalisiert wurde, wenn man frische Luft schnappte. Eigentlich tat man alles dazu, um sich weiter zu schwächen. Ich wäre eher mit den Kindern in den Wald gegangen, doch der Blick meiner Schulleiterin sagte nichts anderes als „du bist wahnsinnig, wie willst du draußen gewähren, dass die Kinder Abstände einhalten".

Die Kinder erzählten mir völlig arglos, was sie in ihrer Freizeit taten, und ich bekam mit, wie die Familien mit der Situation umgingen. Manche lebten, als sei nichts gewesen. „Allah wird uns beschützen", sagte einmal ein Junge, der im harten Lockdown von einer Familienfeier kam, mit frisch gemachter Frisur. Ich wusste, welcher Friseur im stillen Kämmerlein Haare schnitt, welche Menschen sich zum Feiern trafen, schwieg aber. Denunziantentum liegt mir fern.

Die ganze Situation eskalierte noch einmal, als wir die für das Kind um einiges angenehmeren Lollitests bekamen. Man musste seine Klasse morgens testen, alle Lollis kamen in ein Röhrchen und wurden in ein Labor geschickt. Jetzt saßen die Kinder den ganzen Tag in der Schule. Irgendwann in der nächsten Nacht bekam man dann die Nachricht, ob ein Kind aus der Gruppe positiv sei, was vielen eine durchwachte Nacht beschert hatte.

Welches, erfuhr man nicht. Die ganze Klasse musste bis 7 Uhr morgens im positiven Falle alarmiert sein, und die Eltern mussten mit ihren Kindern zum Einzeltest kommen. Erst wenn dieser negativ war, durfte man die Kinder wieder in die Schule schicken.

Die Logik erschloss sich mir nicht. Da saßen also infizierte Kinder einen Tag in der Schule herum, um dann Tags drauf getestet zu werden, welches Kind nun die Virenschleuder war? Ich erlebte mehrfach, dass in Klassen, die positiv getestet waren, das einzelne Kind nicht herausgefunden werden konnte. Der Druck auf einzelne Eltern und Kinder war immens, denn keiner wollte „der Schuldige" sein.

Endlich kam die lang ersehnte Impfung. Sie sollte die Rettung der Menschheit sein. Während die Freude bei den Kolleginnen groß war, war die meine verhalten. Ich wollte diese Impfung nicht, nein, ich traute ihr nicht. Wir waren die ersten, die sich hätten impfen lassen können. Ich hielt die Füße still und wartete ab.

Bei der ersten Gelegenheit eilte die erste Gruppe Lehrkräfte aus meiner Schule sofort in die nächste Klinik, um sich impfen zu lassen. Unsere Rektorin war außer sich. „Das erlaube ich nicht, ihr müsst eure Termine mit mir absprechen! Was, wenn ihr krank werdet von der Impfung!" Ist meine Gesundheit jetzt eine Dienstangelegenheit? Ist es nicht meine persönliche Sache, ob und wann ich mich impfe? Es kam zum Streit.

Die Kolleginnen durften ausnahmsweise ihre Impfung empfangen, die nächste Gruppe sollte jedoch damit warten. Es kam wie von mir erwartet: Die erste geimpfte Kollegin hatte noch in der Klinik wenige Minuten nachdem Impfen einen allergischen Schock und landete auf der Intensivstation. Die anderen litten unter schweren Grippesymptomen und Schmerzen, welche bis zu zwei Wochen anhielten.

„Impft euch nur," sagte ich, „ich lasse Euch gerne den Vortritt". Was zuerst mit „Danke, du bist so lieb" bedacht wurde, schlug bald um. „Du bist noch nicht geimpft. Du bist eine Gefahr für uns. Bleib in deinem Klassenzimmer." Ich bin täglich getestet, dachte ich bei mir. Ihr könnt krank zur Schule kommen und Viren verteilen, und keiner merkt es. Es dauerte nicht lange, da gab es erste Impfdurchbrüche. Manche glaubten immer noch, dass die Impfung wirksam sei. Inzwischen hatten viele jedoch schon Menschen im Bekanntenkreis mit schweren Impfnebenwirkungen.

Mir tat es beinahe schon weh, als die Menschen begannen, ihre Kinder zur Impfung zu bringen. Nichts was man uns erzählt hatte, konnte sich bewahrheiten. Impfstoffe wurde als sicher gepriesen und empfohlen und nachher wieder vom Markt genommen. Ich muss leider sagen, dass ich seit den Impfungen viele Begräbnisse musikalisch begleite, bei denen junge Menschen plötzlich und unerwartet an Aneurysmen versterben. Die Statistiken zur Übersterblichkeit kann jeder selbst nachlesen.[20]

Nebenwirkungen wurden bestritten, die sich später verheerend zeigten. Die Wirksamkeit der Impfung war vollkommen falsch eingeschätzt worden. Und man muss sagen, der Impfstatus wurde zum Politikum. Wenn man sich nicht impfen wollte, war man plötzlich Nazi, rechts, Coronaleugner oder „Schwurbler".[21]

---

[20] Das indoktrinierte Gehirn: wie wir den mentalen Angriff auf unser Gehirn erfolgreich abwehren. Michael Nehls Vörstetten 2023
[21] Falsche Pandemien. Wolgang Wodarg München 2021

Die Medien hetzten vollkommen irrational gegen Menschen, soziale Diffamierung wurde zum Machtmittel, und genauso irrational wurde die Bevölkerung. Es waren nicht nur Ärzten die Approbation entzogen worden, wenn sie sich kritisch äußerten, es waren Wissenschaftler, die sich Jahrzehntelang verdient gemacht haben und mit großem Renommee gearbeitet haben für Wissenschaft und Forschung, Beispielweise ein Sucharit Bhakdi, der in Mainz Professor für Mikrobiologie und Hygiene war.[22] Politik bestimmte nun die Wahrheit in medizinischen Fragen.

Während manche Pathologen sehr früh schon auf den Zusammenhang hinwiesen, dass bestimmte Vorerkrankungen die Gefahr an Corona schwer zu erkranken erhöhten,[23] war die Politik wenig daran interessiert, dazu Kampagnen zu starten, um die Menschen zu rüsten und gesund zu erhalten. Diesen Wiederspruch verstehe ich bis heute nicht.

Ich hätte mit aller Kraft versucht, die Menschen dazu zu bewegen sich gesund zu ernähren, Übergewicht zu verhindern, um Herz- Kreislauferkrankungen vorzubeugen. Ich hätte Sport gefördert, Vitamin D supplementiert, Obst und Zistrosentee verteilt, Kinder an die frische Luft geschickt, doch im Grunde wurde all das verhindert, was die Menschen gestärkt hätte gegen eine Viruserkrankung.

Ich hätte Hygienemaßnahmen verbessert, Luftfilter überall eingebaut, doch die gibt es bis heute nicht.

---

[22] Corona unmasked. Sucharit Bhakdi Wien 1921
[23] https://www.forschung-und-lehre.de/forschung/alle-ob-duzierten-corona-toten-hatten-vorerkrankungen-2714

Ich sah Leute mit Staubschutzmasken durch den Wald huschen, und die Bevölkerung wurde gespaltet in Regierungstreue und gefährliche Subjekte. Denunziantentum machte sich breit.

Es war nicht nur der Schaden am Kind, dass Kinder in ihrem Wissen zurückblieben. Wir merken zwei Jahre später noch immer, dass Grundlagenwissen in Schulen nicht vorhanden ist, was da sein müsste. Die Lücken tragen sich weiter. Ich bin die letzte, die sich darüber beklagt, wenn Kinder das 1x1 ein halbes Jahr später können. Mir scheint, als wären die Kinder in ihrem Denken verlangsamt, als lernten sie mit angezogener Handbremse, und das ist eine erschreckende Tendenz. Irgendwas hat sich verändert. Die Unbeschwertheit und Unbekümmertheit waren verlorengegangen.

Während die einen Kinder nachts auf den geschlossenen Spielplätzen spielten, litten die anderen unter Isolation und wurden krank. Die Kinder waren die großen Verlierer der Pandemie. Während Alte vereinsamt starben, bekamen Kinder Schäden und Entwicklungsverzögerungen, die noch Jahre andauern sollten.

Mentale Erkrankungen nahmen bei Jugendlichen in rasanter Weise zu, und wir bekamen als Lehrer Weiterbildungen im Bereich Depression im Kindesalter, Essstörungen, Selbstverletzendes Verhalten und Umgang mit Suizid, doch wir sind keine Psychiater. Für mich fühlte sich das alles falsch an. Eine Aufarbeitung hat bis heute nicht stattgefunden, und Hilfen sind weit entfernt.

Wie wichtig Frühförderung und sozialer Umgang für die Gehirnentwicklung ist, weiß man schon lange. Wie konnte man es zulassen, dass eine ganze Generation derart geschädigt wird? Ich litt schrecklich unter dem Dilemma, als Lehrkraft Dinge tun zu müssen, welche sich pädagogisch und menschlich derart falsch anfühlten.

An den Kirchen stand die Jahreslosung „Wer zu mir kommt, den werde ich nicht abweisen." Daneben hing das Schild: Zutritt nur für Geimpfte (3G). Auch theologisch geriet ich in ein Dilemma. Wie kann ich von Gottvertrauen predigen und mich dieser Angstmaschinerie unterwerfen? Müsste nicht der Glaube uns durch diese Zeit tragen?

Schuld zu suchen, wenn es um Krankheit geht, war falsch. Die Jagd nach dem Verursacher, wenn irgendwo eine Infektion auftauchte, war neu, und vollkommen irrational. Ich fühlte mich wie in einem großen Irrenhaus, in dem Worte wie Toleranz, Demokratie oder gemeinsame Problemlösung nur noch Fremdworte sind. Stattdessen verrannte sich eine ganze Gesellschaft in gegenseitiger Hetze, Schuldzuweisungen und Vorwürfen.

Wie krisensicher sind wir als Pädagogen, wenn wie uns wie Lemminge von den Medien in den Abgrund jagen lassen, anstatt zu den Kindern zu stehen und deren Recht einzufordern? Kinder waren während der Coronapandemie nie gefährdet.

Man kann zum Virus stehen, wie man möchte. Wer mehr Sicherheit braucht, soll diese haben. Ich ziehe auch zum Schutz eines anderen eine Maske an, aber ich fordere keine. Von mir wurde verlangt, dass ich zur Ausübung meines Berufes Eigenschutz hintenanstelle. Damit hatte ich keine Schwierigkeiten.

Aber die Soziale Ächtung, das verlorene Miteinander, die Respektlosigkeiten, das macht mir zu schaffen. Das verlorene Vertrauen zu meinen Mitmenschen, dass ich ganz genau abwägen muss, ob, wo und wie ich mich äußere, ist ein Problem.

Dass Kinder soziales Miteinander brauchen, Isolation eine der Hauptstrafen bei Schwerverbrechern ist und der Mensch ohne soziales Miteinander nicht leben kann ist nun einmal Tatsache, und dass die Forderung nach Isolierung ohne klare zeitliche Eingrenzung krank macht.

Was wir während Corona gemacht haben, war absoluter Irrsinn, und das muss genau so einmal gesagt werden. Die Medien und Politiker tragen mitunter Schuld an der Misere, und ich wüsste nicht, wer deshalb seines Postens enthoben worden wäre. Von Aufklärung sind wir weit entfernt.

Wirklichen freien Journalismus sucht man heute vergeblich. Diejenigen, die sich bereichert und die Bevölkerung belogen haben, sind immer noch im Amt, und andere leiden ungerechtfertigterweise am Verlust ihrer Existenz. Man gab vor, Dinge aufzuarbeiten, doch wirklich veröffentlicht und Folgerungen daraus gezogen hat man die Ergebnisse nicht. Freilich, wer sich ein wenig mit den Hintergründen befasst, kann gewisse Coronakritiker durchaus nachvollziehen.[24] Ein Stichwort hierzu wäre Event 21. Coronaleugner ist, so finde ich, das Unwort schlechthin. Es suggeriert völlig falsche Grundhaltungen.

---

[24] https://centerforhealthsecurity.org/our-work/tabletop-exercises/event-201-pandemic-tabletop-exercise

Die Gesellschaft lässt sich aufstacheln und lenken in einer Angstblase, und mancher ist zu rationalen Gedanken nicht mehr fähig. Wir reden von Demokratie und stigmatisieren Menschen mit der für deutsche Bürger schlimmsten Beschimpfung, dem Inbegriff von Bösartigkeit, aufgrund von vollkommen harmlosen Gepflogenheiten?

Es wurden während der Pandemie Künstler eingespannt, die sich positionieren mussten. Wer es nicht tat, bekam Repressalien zu spüren. Ich fragte mich, weshalb es jetzt plötzlich Sache von Schauspielern, Musikern und anderen Promis ist, medizinische Maßnahmen zu beurteilen? Und weshalb manche bis heute am Pranger stehen, wenn sie es nicht taten?

Wer Homöopathie nutzt ist ein Nationalsozialist, man schämt sich in der Apotheke schon beim Erwerb von Arnikakügelchen. Wer wandern geht ist völkisch? Ein Volkslied zu singen verwerflich? Ein Gedicht über die Schönheit deutscher Landschaft ist völkisch- nationalsozialistisches Gedankengut? Wer keine Impfung möchte, ist Nazi? Echt jetzt?

Wir wählen Politiker, welche die deutsche Kultur verachten, doch die Bewahrung und Pflege dieser Kultur ist Auftrag meines Berufes? Wann beginnen wir damit, Mozartopern zu verbrennen, weil darin ein Mohr vorkommt?

Kinder gehen aufeinander los, weil ein Mitschüler an Karneval ein Kostüm eines indigenen Volkes trägt. Kann es sein, dass wir zu weit gehen in unserer Political Correctness? Jugendliche suchen nun gegenseitig nach Formen kultureller Aneignung, die es zu verurteilen gilt? Wer hellhäutig ist, muss sich per se schämen, da er oder sie zur herrschenden Gruppe gehört und andere unterdrückt?

Leute, was ist los mit Euch? Sollten wir nicht das Verhalten beurteilen, statt der Hauptfarbe? Trifft mich jetzt eine Kollektivschuld, weil ich weiße alte Frau bin? Gab es jemals kulturelle Entwicklung losgelöst von kultureller Aneignung? War nicht kulturelle Bereicherung und die Fähigkeit zur Übernahme sinnvoller Errungenschaften stets notwendiger Teil der Weiterentwicklung gewesen?

Ich fühle mich immer fremder. Ich finde mich nicht mehr zu recht zwischen extremen Meinungen und Zuschreibungen.

Momentan ist es Mode, den Begriff des Geschlechts neu zu definieren. Es ist ein großes Thema im Sport, in allen Medien. Man streitet sich, wie viele Geschlechter existent seien, welche wissenschaftliche Fachrichtung ein Geschlecht definiert und macht diese Definition zu einem Politikum.

Es ist ja nicht von der Hand zu weisen, dass es immer Intersexuelle Menschen gibt und gab, und ebenso unterschiedliche Formen sexueller Ausrichtung. Der Umgang damit war und ist kulturell geprägt.

Es gibt sicherlich absolut zurecht die Forderung nach Toleranz. Doch wie weit darf diese Toleranz gehen, wenn Menschen mit eindeutig biologisch männlichen Geschlechtsmerkmalen Sportveranstaltungen gegen Frauen bestreiten, die sie damit übervorteilen?

Nun ist das zum Glück eine ethische Frage, bei der die Pädagogik keine Lösung präsentieren muss. Die Schule muss einzig dahingehend hinwirken, dass die Schulgemeinde offen und tolerant damit umgeht und persönliche Grenzen wahrt. Und genau hier zeigt sich ein Dilemma.

Es kristallisieren sich immer mehr Fragestellungen in unserer Gesellschaft heraus, zu denen Menschen keine offene Meinung mehr äußern dürfen. Die Erziehung zu Toleranz und Offenheit steht gegenüber einer Erziehung zum Stillschweigen. Gerechtigkeit wird neuerdings von oben neu definiert. Meinung zu äußern, wird zum KO- Kriterium.

Doch war nicht genau die freie Meinungsäußerung ein wesentlicher Punkt unserer Demokratie? War nicht eine Erziehung zu derselben mein pädagogischer Auftrag? War nicht Erziehung zu Toleranz und sozialem Miteinander ein wesentlicher Baustein unseres Wertesystems? War nicht hinterfragen, Standpunkte beziehen, sich nicht der Obrigkeit ein wesentlicher Faktor, dass sich Regime wie der Nationalsozialismus nicht wiederholen? Was tun wir denn jetzt?

Orientierungslosigkeit wird auch dann zum Problem, wenn Jugendliche anfangen, ihre Identifizierungsmöglichkeit zu verlieren, sprich, wenn keiner mehr weiß, was er ist, welche Rolle er oder sie einnehmen soll oder möchte. Eine „Hete" ist ja angesichts der so modernen sexuellen Pluralität schon in Schimpfwort.

Wir sind in einer Identifizierungskrise. Einzelne Aspekte in Frage zu stellen ist sicherlich gesund, und das sexuelle Erproben und Herausfinden bestimmter Orientierungen für sich selbst in unserer Zeit und Kultur normal. Wenn aber niemand mehr weiß, was er oder sie ist, während in der Pubertät alles auf dem Kopf steht, stelle ich mir die Frage, ob der Raum, den die Frage einnimmt, noch gesund ist, besonders, wenn Kindern und Jugendlichen die Möglichkeit gegeben wird, ihre Identität frei zu wählen, und diese Wahl unter Aspekten getroffen wird wie der Ablehnung bestimmter Stereotypen. Falls daraus Entscheidungen getroffen werden, wie hormonelle Behandlungen oder gar Operationen, welche nicht rückgängig zu machen sind, stehen wir in einer Verantwortung.

Ich bin keine Psychiaterin, aber die Auswirkungen dieser Fragen sehe ich täglich. Ich weiß auch nicht, ob Kindern in Veranstaltungen wie dem CSD oder in sportlichen Eröffnungsfeiern sexualisierte Verhaltensweisen in der Öffentlichkeit als Normalität hingestellt werden müssen. Ich bin nicht prüde, aber man muss die Frage stellen dürfen, ob es normal sein muss, dass Leute im Hundekostüm am Halsband auf allen vieren an einer Kette in der Fußgängerzone präsentiert werden müssen, während Kinder in Buggys fragen: „Was tun die da?"

Gleichzeitig haben wir einen großen Teil der Gesellschaft, alle, die islamischen Glaubens sind, für die schon das Schwulsein ein Grund ist, den Menschen in der Hölle zu wähnen, die einem Leben in dieser sexuellen Orientierung jeden Wert absprechen. Kann das gutgehen?

Ist Sexualität nicht mehr als ein Spiel, welches man auf der Straße spielt, und gibt es noch Aspekte des Privaten, intimen, welche in der Öffentlichkeit nichts zu suchen haben? Hat das nicht auch mit Respekt zu tun, dass man bestimmte Dinge nicht zur Schau stellt? Ist die Behandlung solcher Themen in Kindergärten und Grundschule noch kindgerecht? Wo sind wir gelandet, wenn es heißt, schwul ist cool, und heterosexuell ist verachtenswert?

Wäre es nicht einfacher, den Kindern, wenn sie mit Familien konfrontiert werden, in denen es zwei Väter oder zwei Mütter gibt, zu sagen, dass andere Formen von Familien so akzeptiert werden müssen, ohne zu be- oder verurteilen, und dass man deren Analyse nicht mit Kindern bis ins Detail ausschlachten muss?

Wie wir damit umgehen, ist eine pädagogische Frage, und da muss denke ich eine für alle akzeptable und gesunde Lösung her, denn auch diesbezüglich herrscht Unsicherheit. Es ist in anderen Kulturen und Religionen beileibe nicht so tolerant, wie wir diese Fragen behandelt haben möchten. Wo bleibt dann der Respekt vor Christen, Muslimen oder anderen Religionen und Kulturen, die womöglich eine andere Haltung dazu haben?

Und somit schließt sich der Kreis wieder. Wir leben nicht in einer Zeit der Toleranz, im Gegenteil. Wir leben in einer Zeit der Stigmatisierung, der Hetze, der Diskriminierung, und merken es nicht.

Diese Spaltungen in der Gesellschaft weiter zu betreiben sind schlimmer als das Virus. Es muss auch stabilisierende

Haltungen, traditionelle Haltungen geben, die allzu vorpreschende Neuerungen hinterfragen. Es muss auch alles hinterfragt werden dürfen.

Zu Zeiten von Corona hat man eines vergessen: Wissenschaft ist nicht statisch. Wissenschaftlich denken heißt, Hypothesen aufzustellen, zu prüfen, zu verwerfen. Wissenschaft sagt nicht die Wahrheit. Früher nicht, und heute nicht. Es ist die Suche nach der Wahrheit, nicht mehr und nicht weniger.

Dass bei einer Suche ein Lernprozess erfolgen darf und muss, Menschen dazulernen, ihre Meinungen ändern können und müssen, ein dynamischer Wachstumsprozess einsetzen muss, steht dem gegenüber, dass die Gesellschaft einmal getätigte Aussagen zu gesellschaftlichen Themen festzementiert.

Damit unterbinden wir jede Gesprächskultur, jedem Austausch, der ja eigentlich dazu dient, zu lernen. Es darf nicht darum gehen, sich für alle Zeiten zu positionieren. Aber so lösen wir kein Dilemma.

Eine Gesellschaft definiert Wahrheit für sich. Auch das müssen Schüler lernen. Das ist zweifelsfrei ein Merkmal von Demokratie.

Was hätten wir gebraucht? Was wäre hilfreich gewesen?

- ➢ *Ruhe bewahren statt Panik*
- ➢ *Offene Diskussion*
- ➢ *Respektvoller Umgang*
- ➢ *Schutz der Kinder*
- ➢ *Kinder stabilisieren, anstatt zu verunsichern*
- ➢ *Aufarbeitung*
- ➢ *Pluralistisches denken fördern und üben, statt zu stigmatisieren*
- ➢ *Zustände kritisch hinterfragen*
- ➢ *Philosophie üben*

UTOPIEN ODER

WARUM UNTERRICHTEN WIR GESCHICHTE UND NICHT ZUKUNFT?

Um mich selbst von meiner Inkompetenz bezüglich des Themas Inklusion abzubringen, so muss ich gestehen, kam ich auf die Idee, die Ausbildung zur Sonderpädagogin zu beginnen. Ich hatte die Notwendigkeit tief empfunden, besser gerüstet zu sein im Umgang mit Kindern, für die es unmöglich schien erfolgreich die angebotenen Lernmöglichkeiten zu nutzen.

Wir hatten immer Kinder mit Förderbedarfen an allen Schulen, jede Lehrkraft war damit konfrontiert, aber kaum eine Lehrkraft für eine Regelschule ist dafür ausgebildet, Lernhemmnisse wahrzunehmen, einzuordnen und adäquat darauf zu reagieren. Im Grunde müssten alle Lehrerinnen eine Ausbildung dafür erhalten oder zumindest jemand beratendes zu Seite gestellt bekommen.

Schulen bräuchten die Möglichkeit, bei Bedarf schnell und unbürokratisch Hilfe anzufordern, sei es materieller oder personeller Art, doch das ist Zukunftsvision.

Nun gab es in unserem Bundesland, die Möglichkeit, eine berufsbegleitende Ausbildung zur Sonderpädagogin zu machen. Da meine Grundschule nicht inklusiv arbeitete, suchte ich einige Monate lang nach Stellen, welche diese Ausbildung

möglich machten, und landete nach einer kurzen Bewerbungs-
phase auf einer Gesamtschule.

Diese Gesamtschule hatte eine Stelle ausgeschrieben, besser gesagt, wie es später herauskam, ausschreiben müssen.
Es entstammte nicht der Idee der Schule, nun eine Lehrkraft
auszubilden, im Gegenteil. Die Schule bekam diese Aufgabe
von der Regierung aufgehalst. Niemand der dortigen Sonderpädagogen wollte jemand ausbilden. Ich trat die Stelle an, doch
die erste Überraschung war, es sei kein Seminarplatz frei, der
parallel dazu hätte genutzt werden müssen. Ohne schulprakti-
sches Seminar keine Ausbildung. Der Schulleiter erklärte, man
wisse nun nichts mit mir anzufangen.

Ich hatte zwar Lehrbefähigung für Sekundarstufe 1, doch dafür war ich nicht angestellt und ich solle nun zum Zwecke meiner Ausbildung zuschauen bei Kollegen, die meine Fächer
fachfremd unterrichteten. Weder den Kollegen noch mir oder
den Schülern wurde nun konkret gesagt, wo meine Aufgabe
sei. Ich wähnte mich im falschen Film. Die ganze Situation war
absurd. Ich hätte mir viele Betätigungen an dieser Schule vorstellen können, mit denen ich glücklich gewesen wäre und die
Kinder wahrscheinlich auch. Eine ganze Liste hatte ich vorge-
schlagen. Ich hätte in der Zeit Leseförderung erteilen, die Bü-
cherei wieder nutzbar machen können. Ich hätte gerne einen
Schulchor angeboten. Nichts dergleichen wurde angenomen.

So saß ich nun bei vollem Gehalt sehr unproduktiv herum,
während gleichzeitig an allen Schulen Lehrkräfte fehlten und
die Kollegen und Kolleginnen nicht mehr ein noch aus wussten.

Wenn man so herumsitzt und einem Kollegen beim unterrichten zusieht, der das Fach fachfremd unterrichtet, kommt man sich unsäglich nutzlos vor. Es war weder Zeit, Anregungen zu geben oder eigene Ideen einzubringen, noch über Unterricht zu sprechen. Die Förderschüler waren der Meinung, ich hätte nichts zu sagen, ich sei ja nicht ihre Lehrerin, was ja auch stimmte, und der Schulleiter saß in seinem Olymp und bekam von dem Ganzen nichts mit. Es interessierte ihn auch nicht.

Als ich die Misere ansprach, bekam ich eine Gruppe geflüchteter Kinder für den Deutschunterricht zugewiesen, welche außerhalb in einem Container untergebracht waren. Mir ging das Herz auf, hatten zwei davon deutlich sichtbare Förderbedarf. Das Mädchen hatte eine geistige Behinderung, der Junge war ein Straßenkind und hatte offenkundig nie eine Schule besucht. Ich kaufte Material, bastelte und baute nützliche Dinge wie eine Uhr und eine Puppenstube, und wir lernten Räume zu benennen, Wege zu beschreiben, Kleidung zu beschreiben und einfache Rollenspiele. Ich versuchte die beiden mit viel Liebe und Geduld zu fördern.

Wöchentlich kamen neue Kinder hinzu, meist aus der Ukraine. Dort hatte der Krieg begonnen. Während es mir immer ein Ansinnen war, als Lehrkraft politisch neutral zu bleiben, waren wir nun plötzlich angehalten, politisch Partei zu ergreifen. Die Bevölkerung und die Schulgemeinde waren unglaublich schnell bereit, Feindbilder vollkommen unreflektiert zu übernehmen. Man glaubte den Leitmedien und blies in dasselbe Horn. Ganze Schulen demonstrierten plötzlich und hielten Ukrainefahnen hoch, in den Kirchen wurde die ukrainische Nationalhymne gespielt und russische Künstler durften sich nicht mehr blicken lassen. Einseitige Schuldzuweisungen und Schwarzweißmalerei sind, finde ich, grundsätzlich zu hinterfragen. Es gefällt mir grundsätzlich nicht, bei Kindern Feindbilder zu schaffen. Erziehung zum Frieden und Dialog sehen anders aus.

Es steht mir, so behaupte ich, ohne genaue Kenntnis der Umstände und ohne betroffen zu sein überhaupt nicht zu eine Meinung zu diesem Thema kund zu tun. Die Schwierigkeit war zudem, dass wir russischstämmige Menschen in der Schulgemeinschaft haben und hatten. Das einzige, worauf wir hätten bestehen müssen, ist ein friedlicher Dialog ohne irgendjemand zu verurteilen. Stattdessen hat man Fahnen geschwenkt. Somit hat man einem Teil dieser Menschen verwehrt, sich hier zu Hause zu fühlen. Die Menschen und vor allem die Kinder haben nicht zu diesem Konflikt zwischen Russland und der Ukraine beigetragen, dabei hätte man es belassen müssen.

Unsere Schüler im Deutsch- Kurs waren auf vollkommen unterschiedlichem Stand, die einen standen kurz vor dem Abitur. Andere Kinder kamen aus Ländern, die unsere Schrift nicht lehrten, sie waren nicht alphabetisiert. Es gab kein Konzept, wie sie zu fördern seien, kein Material, keine Tafel, und auch kein Ziel. Viele ukrainische Kinder wurden hier des morgens unterrichtet, nahmen mittags am online- Unterricht in ihrer Sprache teil, der sehr klug und geschickt organisiert war und verschwanden bald wieder zurück in die Ukraine.

Da der Bedarf für ein Unterrichtskonzept einleuchtend war, hieß es (was für eine Überraschung): „Alle Lehrkräfte, die mit diesen Kindern arbeiten, setzen sich bitte zusammen und erstellen ein Konzept". Das taten wir. Wir überlegten, wie wir die

Kinder am sinnvollsten in Stammklassen eingliedern konnten, damit wir sie in Kontakt mit deutschen Kindern brächten, wir machten uns Gedanken um die Fächer, in denen das geschehen könnte und verschriftlichten alles. Das Konzept wurde vorgelegt und Monate später abgeschmettert. „Es gibt jetzt neue Vorgaben von der Bezirksregierung, die müssen eingearbeitete werden", hieß es. In Wirklichkeit war die Schulleitung mit der Gestaltung der gymnasialen Oberstufe beschäftigt.

Leider geschieht das häufig in Gesamtschulen. Das Renommee der Schule steigt mit einer gut funktionierenden gymnasialen Oberstufe. Eine Schule kann damit werben, dass so und so viele Schüler das Abitur schaffen. Mit einem schönen Konzept zur Eingliederung geflüchteter Kinder oder Förderschüler ist kein Staat zu machen. Die werden mitgenommen, aber im Grunde sind sie Störfaktor, und genauso werden sie behandelt.

Als meine „Ausbildung" startete, sollte ich die Kinder abgeben. Stattdessen musste ich in Klassen hospitieren, in denen ein Regelschullehrer saß und dort Kinder ohne und mit Förderbedarf gemeinsam unterrichtete. Man muss jetzt ehrlicherweise fragen, wenn ich auf einer Baustelle bin, und Dachdecker lernen möchte, hospitiere ich dann beim Maurer? Vorausgesetzt, Mauern kann ich?

Das Konzept der Schule sag vor, dass jedes Lehrwerk differenzierte Materialangebote bereitstellte. Es gab Mathematik in drei Schwierigkeitsstufen. Es gab Matheaufgaben, welche an die Standards für Hauptschule, Realschule und Gymnasium angepasst waren. Doch wo war das für Kinder mit Förderbedarf lernen? Normalerweise sollte man jedes Kind dort abholen, wo es steht. Doch diese Kinder saßen vor Aufgaben, die absolut nicht zu bewältigen waren.

Ein Witz im Internet beschreibt das nicht ganz unzutreffend:

Hauptschule:
Ein Bauer verkauft einen Sack Kartoffeln für 50 Euro.
Die Erzeugerkosten betragen 40 Euro.
Berechne den Gewinn.

Realschule:
Ein Bauer verkauft einen Sack Kartoffeln für 50 Euro.
Die Erzeugerkosten betragen 4/5 des Erlöses.
Wie hoch ist der Gewinn?

Gymnasium:
Ein Agrarökonom verkauft eine Menge subterraner
Feldfrüchte für eine Menge Geld (G). G hat die Mächtigkeit
50. Für die Elemente aus G gilt: G ist 1.
Die Menge hat die Herstellungskosten (H). H ist um
10 Elemente weniger mächtig als die Menge G.
Zeichne das Bild der Menge H als Tilgungsmenge der Menge G und geben Sie die Lösung L für die Frage an: Wie mächtig ist die Gewinnsumme?

Förderschule Lernen:
Ein Bauer verkauft einen Sack Kartoffeln für 50 Euro.
Er hat bis zur Ernte Ausgaben von 40 Euro gehabt.
Er hat einen Gewinn von 10 Euro.

Unterstreiche das Wort Kartoffeln und male ein Bild.

Weit hergeholt ist dieses Beispiel nicht.

Die Kinder mit sonderpädagogischem Förderbedarf wurden üblicherweise in Kleingruppen aus den Klassen geholt. Doch in Prüfungssituationen der Ausbildung zur Sonderpädagogik mussten wir so tun, als seien diese Kinder fortwährend in der Klasse und würden gemeinsam unterrichtet. Die Vorgaben des Seminars stimmten nicht überein mit dem Konzept der Schule.

In der Schule sah ich in der Realität fast nur Frontalunterricht, doch diese Methode ist nicht vereinbar mit individuellem Unterricht, mit dem individuellen Lerntempo der Kinder. Ich wollte sehen, wie es geht, und lernte, wie es nicht geht.

Die Sonderpädagogen der Schule waren weder willens noch interessiert, dass ich an ihren Tätigkeiten teilhatte. Ich wollte lernen zu diagnostizieren und zu testen, und hatte an der Grundschule öfter mit Sonderpädagogen zusammen Tests durchgeführt als in der Ausbildung.

Ich hätte Unterrichtsreihen planen und durchführen müssen in meiner Ausbildung, hatte aber keine eigene Klasse. Ich versuchte anfangs noch, den Fachleitern ein Theaterstück vorzuspielen und zu tun, als ob. Meine Lehrproben waren jedoch furchtbar und endeten in einem Meltdown meinerseits. Meine vollkommen missratenen Stunden zu reflektieren war ich nicht mehr in der Lage. Ich war weder in der Situation eine Unterrichtsreihe zu gestalten, da der Klassenlehrer dafür zuständig war, noch befand ich die Themen und Materialien für die Förderkinder passend.

Während ich aus der Grundschule die Ansprüche hatte, den Kindern unerwartetes zu präsentieren und Handlungsmöglichkeiten anzubieten war dieser Unterricht an der Gesamtschule nicht gefragt. Es schien nur danach zu gehen möglichst effizient Lerninhalte zu vermitteln, und Seite für Seite durch die Lehrbücher zu rasen.

Alles Lernen basierte in der Gesamtschule auf Textarbeit. Förderschüler mit Förderbedarf Lernen profitieren nicht von einem textbasierten Unterricht. Sie sind meist kaum in der Lage, einfach Sätze zu erlesen und inhaltlich zu erfassen. Mit langen Texten und dutzenden Fremdwörtern sind sie vollkommen überfordert. Kinder mit Schwierigkeiten, abstrakt zu denken und sich Dinge vorzustellen müssen praktisch mit allen Sinnen lernen, doch der Rektor war Gymnasiallehrer, und außer Arbeitsblätter und Bücher im Frontalunterricht gab es nichts.

Wie zermürbend die Arbeit ist, sah ich mit einer Musikklasse. In wochenlanger Arbeit präsentierte ich Streichinstrumente. Ich spielte sie vor, die Kinder durften sie anfassen, wir sicherten auf bebilderten Arbeitsblättern Begriffe und Ergebnisse, die Kinder spielten die Instrumente, sahen die Filme dazu, und beim anschließenden Test stand unter einem Bild einer Violine in krakeliger Schülerschrift: „Kitarre".

Ich brach die Ausbildung ab, weil ich auch an dieser Schule keine Idee vermittelt bekam, wie man diesen Kindern gerecht wird. Ich sah nur, wie es offenkundig nicht geht. Ich erlebte, wie die Kinder darunter leiden, keine Chance zu haben diesem Unterricht zu folgen. Von wirklicher Teilhabe, fördern und fordern war keine Spur.

Auch einen wichtigen Punkt vergessen viele Eltern, die auf Inklusion drängen: Eine Förderschule arbeitet auf der Basis der Bezugspersonen, über eine gute Beziehung zwischen Kind und Lehrkraft. Eine Lehrkraft begleitet die Kinder den ganzen Schultag, über mehrere Jahre konstant, es gibt feste Rituale und Struktur. Die Kinder kennen ihren Raum, ihren Platz.

Die Regelschule hat Fachlehrer, der Unterricht findet bei Dutzenden fremden Personen statt, in unterschiedlichen Räumen. Die Kinder haben keine Rituale und müssen sich auf jede Situation neu einstellen. Es gibt keine Zeit für Morgenkreise, ankommen, Gespräche über das Wochenende, sondern es heißt Bücher raus, Lehrplan ruft. Die nächste Klassenarbeit naht.

Was man den Kindern damit antut, darüber denkt keiner nach. Wenn, dann müsste man für alle Kinder Schule neu denken, und sich nicht dem Druck unterwerfen, Inhalte in die Gehirne prügeln zu müssen. Man müsste vollständig neu umdenken. Es reicht nicht, Schulen zu sagen, bildet einen Arbeitskreis und erstellt ein Konzept. Der Gymnasiallehrer sieht nur sein Ziel, das er erreichen muss, nämlich die ihm anvertrauten Kinder durchs Abitur zu bringen. Er will Inhalte abrufbar haben, damit er sie benoten kann, und eilt dann zum nächsten Thema. Die Selektion ist doch trotz aller Bemühung um Inklusion augenscheinlich.

In den Lehrerzimmern höre ich immer nur „Der Schüler gehört da nicht hin", gemeint war, der Schüler oder die Schülerin gehöre nicht an unsere Schule. Was macht das mit einem Kind, wenn es eine Lehrkraft hat, die mit dieser Einstellung vor ihm sitzt? Warum zwingt man Lehrern auf, Schüler zu unterrichten, die sie nicht unterrichten wollen oder können, und verbietet es anderen, es zu tun?

Warum stellt man auch hier politische Vorgaben oder Elternwille über das Wohl des Kindes oder auch über pädagogische Möglichkeiten? Ja, es ist ein Ziel, dass wir alle gemeinsam zusammenarbeiten, aber doch mit Wertschätzung. Jeder Mensch kann die Gesellschaft bereichern, aber doch nur, wenn er seine Persönlichkeit entfalten kann, nicht, wenn man sie zerstört.

Tägliche Zurechtweisungen vor anderen Kindern, tägliches Hinauswerfen aus der Klasse, tägliches Geschrei in Klassenräumen und abwertende Bemerkungen machen doch etwas mit einem Kind, und im Raum zu sitzen ist noch lange keine Teilhabe. Wir verlangen von Kindern, was wir als Erwachsene nicht können und nicht bereit sind zu tun.

Ich denke gerade an zwei Achtklässler, zwei türkische Brüder, welche mit einem IQ von um die 70 nach fünf Jahren Englischunterricht noch nicht auf die Frage „What`s your name" antworten konnten. Die Klasse las eine englische Lektüre. Was taten diese Jungen im Englischunterricht? Welchen Sinn hatte das? Sie erkannten darin offenkundig keinen, denn sie bewarfen andere mit Papierschnipseln, zerstörten Hefte und Bücher, schlugen sich und provozierten, saßen dann auf dem Flur, traten gegen Türen.

Ich schaute mir das zwei Jahre an. Der gestandene Musiklehrer brach aufgrund der störenden Brüder während des Unterrichts in Tränen aus, es wurde Instrumentarium zerstört, die beiden waren nicht in der Lage, auf seinen Hinweis hin einen Boomwhacker zu bedienen. Sie ließen sich auf keinen Unterrichtsinhalt mehr ein, sondern hieben mit dem Instrumentarium auf den anderen Kindern herum.

Die Sekretärin fauchte erbost, als ich die Schüler zum Rektorat bringen sollte „wir sind doch hier kein Parkplatz, ihr seid die Pädagogen, dann müsst ihr denen auch Herr werden". Ja, aber wir können nicht zaubern. Wir können nicht Schüler, die verdorben sind durch jahrelangen verkehrten Unterricht und nicht mehr beschulbar sind, integrieren. Sie hätten Schulbegleiter gebraucht.

Also saß man vor dem Lehrerpult, verzweifelt, die anderen Kinder hatten auch keinen sinnerfüllten, freudigen Unterricht mehr. Die Mutter der Geschwister kam zur Schule und schrie „Meine Kinder nix dumm" und torpedierte alle Versuche, die beiden auf einer Förderschule unterzubringen. Sie begriff trotz aller Versuche nicht, wo das Problem war. Hätte man eine Schulleitung hinter sich gehabt, die der Mutter einfach ermöglicht hätte, dem Unterricht nur für zwei Stunden beizuwohnen, hätte sie den Unterschied im Verhalten ihrer Kinder und dem von anderen Kindern erkannt. Hätte man ihr Gelegenheit gegeben, das Verhalten der Kinder zu beobachten, hätte man vielleicht eine Chance gehabt, sie zu überzeugen, aber die Schulleitung hatte kein Interesse.

Einen nicht weniger dramatischen Fall erlebte ich in einer Parallelklasse. Das Mädchen Beyza, ein zartes ein wenig traurig dreinblickendes Mädchen, schrie während des Unterrichts plötzlich „Der Emil hat mich geschlagen". Emil saß jedoch am anderen Ende des Klassenraumes. Die Klasse lachte, da sie sah, dass Emil Beyza nicht hätte schlagen können, und verteidigte Emil.

Beyza begann erbärmlich zu weinen. „Er hat mich geschlagen". Sie gab keine Ruhe. Man schickte sie hinaus, wo sie jeden Tag die restliche Zeit bis zum Ende des Schultages auf dem Flur saß und weinte. Das Mädchen litt unter Schizophrenie. Sie hätte stationär in Behandlung gemusst, Medikamente gebraucht, hatte zudem eine nicht unerhebliche geistige Behinderung, war die meiste Zeit nicht ansprechbar und oftmals dabei aggressiv. Sie sah Dinge, die nicht existent waren, und litt unter massivem Realitätsverlust. Beyza schrie eines Mittags in der Pause, es seien Ratten auf dem Pausenhof. Die anderen Kinder sahen keine Ratten.

So etwas können Jugendliche oft nicht nachvollziehen. Sie diskutierten herum, wo es nichts zu diskutieren gab, denn Beyzas Realität war eine andere als die ihre, sie lebt in ihrer Welt. Die Mitschüler ärgerten sie täglich, weil sie wussten, Beyza würde sowieso nicht geglaubt, wenn sie sich bei Lehrpersonen beklagte. Es war dramatisch und auch für Beyza nicht ungefährlich. Nach wenigen Tagen war mir klar, dass es absolut unzumutbar war als Regelschullehrkraft, die Sicherheit dieses Mädchens zu gewährleisten und für die Aufsicht die Verantwortung zu tragen.

Man sollte meinen, dass es in drei Jahren Elends möglich sein sollte, dem Mädchen Hilfe zukommen zu lassen. Weit gefehlt. Es gab weder Übersetzer, welche der ebenso geistig minderbemittelten Mutter die Lage hätten anschaulich und begreiflich machen können, noch Plätze für Diagnostik und Therapie. Für solche Kinder ist der Schulbesuch eine einzige Qual. Es gibt einfach Fälle, da ist die Pädagogik absolut am Ende, da müssen andere Hilfen greifen, und wo ein Mensch nicht mehr bei Sinnen und zurechnungsfähig ist, muss man eingreifen, zum Schutz des Kindes und zum Schutz der anderen. Dazu hätte es zumindest eine klare Positionierung der Schulleitung und Schulaufsicht gebraucht, und kein Verstecken hinter Paragraphen.

Wir brauchen viel zu viel an Diagnostik, um Hilfen zu etablieren, und es dauert zu lange, um Kindern überhaupt Hilfe zu gewähren. Was augenscheinlich ist, reicht nicht. Warum das so ist, ist unbegreiflich. Es gibt Kinder, die benötigen heute Hilfe, nicht morgen, übermorgen oder in paar Monaten. Wenn ich weiß, dass ein Kind an der Tafel nichts sehen kann, und brauche ein Jahr für den Termin bei einem Augenarzt, ist das furchtbar. Wenn Kinder Mentale Probleme haben, psychische Erkrankungen, und künstlich in unserem Gesundheitssystem Therapieplätze verknappt werden, ist das für diese Kinder eine absolute Katastrophe. Als Erwachsene mögen wir noch damit umgehen können, zu wissen, dass sich Dinge ändern und wir nur warten müssen. Für Kinder ist ein Monat ein unüberschaubarer Zeitraum.

Ich habe tagtäglich verzweifelte Mütter vor mir sitzen, die mir sagen: „Frau Bach, ich weiß, dass mit meinem Kind etwas nicht stimmt. Ich warte seit einem Jahr auf einen Termin bei einem Facharzt. Ich möchte das Problem vor dem Schulbeginn angehen, damit meinem Kind die Erfahrung des Scheiterns erspart bleibt. Ich möchte, dass mein Kind positive Lernerfahrungen macht. Sagen Sie mir, wo kann ich hingehen?" Dann gibt es Kinder, die haben eine Diagnose, und finden ein Jahr und länger keine therapeutische Hilfe, oder die Hilfen werden von den Krankenkassen verweigert. Es ist nicht so, dass es keine Therapeuten gäbe.

Wären in diesem Bereich nicht Gelder gut investiert? Wäre es nicht sinnvoller, wenn Pädagogen, Therapeuten und Mediziner mehr zusammenarbeiten? Es ist traurig, wenn wir nachlesen, wie viel Steuergelder ins Ausland transferiert werden, die wir als Steuerzahler erwirtschaften, und wie wenig unseren Bürgern zugutekommt.[25] 2022 waren es 33,9 Milliarden Euro.

Ich hatte ein Kind zu lehren, das war nicht in der Lage, einen Stift festzuhalten. Der Junge schrieb vollkommen unlesbar. Einen Strich nachzuzeichnen war ihm schon nicht möglich. Ich schrieb eine kurze Stellungnahme, beschrieb den Zustand, legte eine Schriftprobe bei und erbat von der Mutter, mit dem Kind beim Kinderarzt vorstellig zu werden, um eine Verschreibung für Ergotherapie zu bekommen und somit motorische Förderung. Das zu fördern oder gar zu therapieren, liegt nicht in den Möglichkeiten einer Lehrkraft, die nebenbei mit 25 Kindern arbeitet.

---

[25] https://www.focus.de/finanzen/steuern/finanzhilfen-fuer-indien-peru-co-die-milliarden-liste-lesen-sie-in-welche-winkel-der-welt-steuergeld-fliesst_id_259654766.html

Die Mutter kam frustriert zu mir zurück, das ginge nicht. Daraufhin rief ich in der Praxis an und wurde durch das Telefon angebrüllt, was ich denn glaube, mich in medizinische Belange einzumischen, das sei eine Unverschämtheit, wo kämen wir da hin, wenn Ärzte jetzt schon auf Lehrer hören müssen. So knallte sie den Hörer auf. Ich dachte, wir wollen beide dem Kind helfen? Worum geht es hier?

Ja, wo kommen wir da hin, wenn Lehrer auf Auffälligkeiten in der Entwicklung hinweisen und um Hilfe bitten, wenn sie Entwicklungsstörungen wahrnehmen, die man fachkundig fördern und aufarbeiten könnte? Wo kommen wir da hin?

Die Vorgehensweisen sind dergestalt, dass ein Facharzt, der das Kind nicht kennt, bei einer Konsultation der Mutter und den Lehrkräften Fragebögen zukommen lässt, die diese dann ausfüllen. Die Ergebnisse werden dann von einer medizinischen Fachangestellten online eingetippt, wo sie von einem Programm ausgewertet werden. Und meist stimmt das Ergebnis mit der Hypothese der Lehrkraft überein. Man schickt kein Kind ohne Grund zu einem Test.

Nehmen wir einmal an, die Lehrkraft habe mit ihrem Verdacht falsch gelegen, wie groß wäre der Schaden, wenn ein Kind Ergotherapie bekäme und das gar nicht benötigte? Rechnen wir einmal 60 Euro pro Behandlung. Und was kostet eine umfassende Diagnostik inclusive geforderten Intelligenztests? Hier sind schnell 600 Euro fällig. Falls also ein Therapeut oder eine Therapeutin zu der Annahme käme, die Hilfe sei gar nicht notwendig gewesen, wie groß wäre dann der Schaden im

Vergleich dazu, dass ein Kind keine Hilfe erhält? Im ersten Fall hätten wir bei sofortiger Hilfe zumindest keine Folgeschäden.

Wir sind in der Gesellschaft noch weit davon entfernt, tolerant zu sein, weil wir psychische Erkrankungen oder Behinderungen stigmatisieren oder ignorieren. Die Tatsache, dass wir so tun, als gäbe es sie nicht und die Probleme bagatellisieren oder negieren verbessert keine Situation, sondern macht alles schlimmer.

Alle in einen Topf zu werfen, ist noch lange keine Gleichberechtigung oder Integration. Solange wir nicht selbstverständlich allen Kindern die Hilfen zukommen lassen, und wenn auch nur vorübergehend, die sie für eine Weiterentwicklung oder zum bestmöglichen Wachstum brauchen, ist keine Inklusion erreicht. Es müssen dabei aber auch realistische Perspektiven erkannt und geschaffen werden, und zwar für alle Beteiligten.

Es wäre weit sinnvoller, die Kinder in Hauptfächern getrennt zu unterrichten und beispielsweise in künstlerischen Bereichen, Musik, Kunst, Theaterspiel zusammenzubringen, wo sie trotz unterschiedlicher Fertigkeiten und Kompetenzen gemeinsame Dinge gestalten und erleben.

Wir könnten mit Kindern sportliche, soziale oder praktische Projekte planen, in denen alle Kinder mitwirken und sinnvolle Beiträge leisten können. Wir könnten den intellektuell nicht so reich beschenkten Menschen Teilhabe ermöglichen und ihnen das Gefühl geben, ebenso wichtig zu sein und wertvoller Teil der Gesellschaft zu werden, anstatt sie täglich vor unlösbare Aufgaben zu stellen.

Wenn ein Kind vier Jahre lang nicht an den Leistungsstand seiner Mitschüler aufgrund einer Lernbehinderung anknüpfen kann, welchen Sinn macht es, dieses Kind in Klasse fünf wieder mit Kindern in Fächern ins Rennen zu schicken, in denen es keinerlei Chance hat, mitzuhalten? Ein Kind, das in Mathe den Zwanzigerraum nicht beherrscht, muss ich doch nicht mit Division im Tausenderraum quälen, wo es, um nicht aufzufallen, seitenweise sinnfreie Ziffern hinschreibt, und das Inklusion nennen? Was soll ein Kind, das keinen zusammenhängenden Satz erlesen kann, mit einer dreihundertseitigen Lektüre?

Die Selektion in der Gesellschaft wird letztlich doch nur verschoben. Ich ermögliche dem geistig Behinderten jungen Mensch auch keinen Zugang zum Medizinstudium, weil er ein Anrecht auf Inklusion hat und zuvor im Gymnasium saß. Erst wenn nicht mehr bewertet wird, was jemand leistet in der Gesellschaft, wenn er sein bestes gibt, und die Arbeit des Gärtners gleich wertvoll erachtet wird wie die des Arztes, wenn wir aufhören, den Mensch nach Leistungskraft zu beurteilen und jemand den gleichen Wert beimessen, der einen Familienangehörigen pflegt, wie einem, der als Manager in einem Unternehmen arbeitet, kann man von Inklusion sprechen. Und mit Verlaub, dass sich manche in unserer Gesellschaft über alle Maßen bereichern und Gelder erwirtschaften auf Kosten anderer, Gelder, die in keinem gesunden Maß mehr stehen und durch nichts mehr zu rechtfertigen sind, während andere unter dem Existenzminimum vegetieren, ist doch auch kein Geheimnis mehr.

Die soziale Schere klafft einfach zu weit auseinander, und unsere Schulen erreichen mit der bisherig praktizierten Inklusion nicht, das zu ändern.

Ein Kind aus reichem Hause, das Anregungen hat, Eltern, die mit dem Kind Zeit verbringen und mit ihm die Welt entdecken, das in sicheres Zuhause hat, sinnvolle Freizeitgestaltung geboten bekommt und Privatunterricht, hat immer eine andere Ausgangsbasis, als ein Kind, das unter dem Existenzminimum in Armut lebt, wo die alleinerziehende Mutter unter Existenzangst leidet oder das Kind mit häuslicher Gewalt konfrontiert ist. Ein Kind hat immer Nachteile, wenn Eltern Sprachschwierigkeiten haben und ihrem Kind nicht helfen können, da ändert auch keine OGS etwas, da bräuchte es mehr. Das zu ignorieren ist Augenwischerei.

Wenn wir für Fremdbetreuung plädieren, brauchen wir Qualität, nicht Quantität. Wir sollten alle ins Boot holen, die etwas dazu beitragen können, anstatt Ausreden zu suchen.

Wir haben dann Rassismus abgeschafft, wenn wir nicht mehr von Rassen und Hautfarben sprechen, und stattdessen den Menschen sehen und nicht nur die äußeren Merkmale. Dann brauchen wir nicht „Black lives matters" brüllend durch die Straßen laufen.

Wir haben dann Toleranz, wenn wir unsere Mitmenschen und dessen Ängste ernst nehmen und auch Fehler zugestehen. Dann brauchen wir nicht demonstrieren gegen rechts. Es wäre sinnvoll, den Kindern beizubringen, sich nicht aufhetzen zu lassen, gegen nichts und niemand, denn Hass und Hetze hat noch nie in der Geschichte zu etwas sinnvollem geführt, und Hass und Hetze sehe ich auf allen Seiten.

Wenn man sich als gebildete Menschen mit Studium in politischen Diskussionen nicht mehr zuhören kann ungeachtet einer Parteizugehörigkeit, haben wir alle demokratischen Werte verloren.

Und wenn wir andere respektieren, kann man auch anderen Freiheiten oder Anderssein zugestehen. Aber Respekt ist keine Einbahnstraße. Ich kann Kindern keinen gegenseitigen Respekt abverlangen, den Erwachsene nicht haben.

Aber wo kämen wir da hin, wenn Lehrer anfangen zu denken? Und nicht nur Geschichte unterrichten, sondern Zukunft?

Was hätten wir gebraucht? Was wäre hilfreich gewesen?

- ➢ Individuelle Hilfen für jedes Kind
- ➢ Lernpsychologie und Psychiatrie einbeziehen
- ➢ Lehrkräfte bezüglich Neurodiversität und Lern-hemmnisse auf neuesten Stand bringen
- ➢ Qualitätvolle Betreuung in Schule und Freizeit
- ➢ Neue Unterrichtskonzepte und Methodenvielfalt
- ➢ Neue Organisation von Lebensraum Schule
- ➢ Diskurs zwischen Verwaltung. Politik und Schule
- ➢ Freiräume
- ➢ unterschiedliche Konzepte in Schulen
- ➢ Therapeutische Hilfen für Kinder und Erwachsene
- ➢ Demokratisches Verständnis in Schule leben
- ➢ Schulfach Achtsamkeit und Glück
- ➢ Pluralistische Schulformen statt Einheitsbrei

Unsere wahre Aufgabe im Leben ist es glücklich zu sein.

Ich, Frieda, bin deshalb

aus dem Schuldienst ausgeschieden.

PSALM 13

Hilferuf eines Angefochtenen

₁Ein Psalm Davids, vorzusingen.

₂HERR, wie lange willst du mich so ganz vergessen?

Wie lange verbirgst du dein Antlitz vor mir?
₃Wie lange soll ich sorgen in meiner Seele /
und mich ängstigen in meinem Herzen täglich?

Wie lange soll sich mein Feind über mich erheben?
₄Schaue doch und erhöre mich, HERR, mein Gott!

Erleuchte meine Augen, dass ich nicht im Tode entschlafe,
₅dass nicht mein Feind sich rühme,
er sei meiner mächtig geworden,
und meine Widersacher sich freuen, dass ich wanke.

₆Ich traue aber darauf, dass du so gnädig bist; /
mein Herz freut sich, dass du so gerne hilfst.
Ich will dem HERRN singen, dass er so wohl an mir tut.